# TRIBUTAÇÃO CONSTITUCIONAL, JUSTIÇA FISCAL E SEGURANÇA JURÍDICA

Organizadores
LUÍS CESAR SOUZA DE QUEIROZ
GUSTAVO DA GAMA VITAL DE OLIVEIRA

# TRIBUTAÇÃO CONSTITUCIONAL, JUSTIÇA FISCAL E SEGURANÇA JURÍDICA

Autores
AGOSTINHO DO NASCIMENTO NETTO • GUSTAVO DA GAMA VITAL DE OLIVEIRA • LUÍS CESAR SOUZA DE QUEIROZ • SERGIO ANDRÉ ROCHA

2ª edição

GZ
EDITORA
Rio de Janeiro
2018

1ª edição - 2014
2ª edição - 2018



CIP - Brasil. Catalogação-na-fonte.
Sindicato Nacional dos Editores de Livros, RJ.

T743
Tributação constitucional, justiça fiscal e segurança jurídica / organização Luís Cesar Souza de Queiroz, Gustavo da Gama Vital de Oliveira. - 2ª ed. - Rio de Janeiro: LMJ Mundo Jurídico, 2018.
164 p.: il.; 23 cm.

ISBN 978-85-9524-047-6

1. Direito tributário. I. Queiroz, Luís Cesar Souza de. II. Oliveira, Gustavo da Gama Vital de.

14-51366

CDU: 34:351.713(81)



Av. Erasmo Braga, 299 - sala 202 - 2º andar - Centro - RJ
CEP: 20020-000 - Rio de Janeiro - RJ
Tels.: (0XX21) 2240-1406 / 2240-1416 - Fax: (0XX21) 2240-1511
contato@editoragz.com.br
www.editoragz.com.br

Impresso no Brasil
*Printed in Brazil*

# SUMÁRIO

# APRESENTAÇÃO

A Coletânea que aqui se apresenta é produto de estudos desenvolvidos por quatro integrantes da Linha de Pesquisa *Finanças Públicas, Tributação e Desenvolvimento* do Programa de Pós-Graduação em Direito da Universidade do Estado do Rio de Janeiro - UERJ. Os trabalhos refletem pesquisas que seus autores desenvolvem no campo das Finanças Públicas e do Direito Tributário. Todos os autores participam ativamente de Grupos de Pesquisa devidamente certificados junto à Universidade do Estado do Rio de Janeiro – UERJ. Os professores Luís Queiroz e Gustavo da Gama, na qualidade de pesquisadores, e o doutorando Agostinho Netto participam do Grupo de Pesquisa "Tributação Constitucional, Justiça Fiscal e Segurança Jurídica", enquanto o professor Sergio André, na qualidade de pesquisador, participa do Grupo de pesquisa "Tributação, Direitos Fundamentais e Desenvolvimento".

Os estudos objeto dessa Coletânea apresentam uma linha comum, que é a acurada consideração do modo pelo qual os valores constitucionalmente relevantes informam o desenvolvimento do direito tributário no Brasil, especialmente, o modo pelo qual os valores justiça e segurança informam a atividade de tributação.

Destaca-se que essa Coletânea discorre sobre temas de peculiar interesse da comunidade jurídica nacional e internacional, os quais, além de serem objeto de frequente debate na academia, estão diretamente relacionados com importantes questões atualmente submetidas à decisão dos tribunais superiores do país, quais sejam, o Superior Tribunal de Justiça e o Supremo Tribunal Federal.

O estudo desenvolvido por Luís Queiroz, intitulado "Controle de constitucionalidade, mutação jurídica e coisa julgada tributária – reflexos sobre a prescrição e decadência em matéria tributária", tem por objeto proceder a uma análise da atividade de interpretação desenvolvida pelo Poder Judiciário, principalmente quando exerce o controle de constitucionalidade das normas tributárias, e apreciar o modo pelo qual os fenômenos da relação continuativa tributária, da coisa julgada tributária, da mutação jurídica (constitucional e infraconstitucional) e da consolidação da jurisprudência se inter-relacionam, a fim de identificar de que maneira essas relações afetam a contagem do prazo de prescrição referente à ação de repetição de indébito tributário e do prazo de decadência relativo à realização do lançamento (constituição do crédito tributário). A construção das soluções para as questões suscitadas exigiu do autor a adoção de um método que considerasse princípios do sistema constitucional brasileiro saturados dos mais elevados valores (em especial, justiça e segurança), entre os quais, os princípios da igualdade, certeza jurídica, previsibilidade jurídica, capacidade contributiva objetiva, capacidade contributiva subjetiva, livre concorrência.

O estudo realizado por Sergio Rocha, que recebe o título "O que é Formalismo Tributário?", realiza uma investigação do uso das expressões "formalismo" e "formalista" quando se qualifica determinados posicionamentos teóricos ou certos doutrinadores. O autor se preocupa com a deficiência de critérios para o emprego de tais expressões e chama a atenção para a utilização com caráter pejorativo. Como sintetiza Sergio Rocha, seu trabalho não representa "uma crítica ao 'formalismo'", mas tem como propósito "apresentar critérios para a identificação de correntes de pensamento tributário como 'formalistas'".

O estudo empreendido por Gustavo da Gama é intitulado "O Supremo Tribunal Federal e as cláusulas pétreas da forma federativa de Estado e da separação de poderes em matéria tributária". Destaca o autor a especificidade do sistema constitucional brasileiro de regular de forma extremamente detalhada a matéria financeira e tributária, o que produz como efeito a necessidade de se fazer uso de emendas constitucionais para alterar o regramento de várias matérias, que, em outros países, demandariam somente a atividade do legislador infraconstitucional. Nesse contexto, alerta para a importância da atividade de invalidação pelo Judiciário de emendas constitucionais em matéria tributária, à medida que podem ser suscitados questionamentos de ordem democrática, o que exige um adequado estabelecimento de parâmetros para o exercício desse controle de constitucionalidade, que permitam evitar a excessiva supressão de espaços de poder decisório das maiorias políticas eventuais ante a presença das denominadas "cláusulas pétreas", bem como evitar que emendas constitucionais comprometam "o projeto do constituinte originário pela violação das normas que compõem o seu núcleo de identidade".

O estudo apresentado por Agostinho Netto tem como título "Segurança jurídica e mudanças normativas interpretativas: conceito de faturamento na jurisprudência do Supremo Tribunal Federal e análise de caso (RE 346.084/PR) segundo critérios de justificativa propostos por Alexy". Desempenha o autor um papel importante na academia que é o de cotejar as contribuições teóricas construídas pela doutrina com a atividade interpretativa e criativa levada a termo pela jurisprudência. A partir das lições de autores que discorreram sobre teoria da argumentação, entre os quais, Perelman, Habermas, MacCormick, Atienza e, principalmente, Alexy, o autor perfaz uma análise de entendimentos adotados pelo Supremo Tribunal Federal acerca de contribuições sociais que têm como base de cálculo o conceito de faturamento. Enfrenta, assim, o denominado fenômeno da mutação constitucional e perquire a possibilidade de se proceder a uma análise de decisões da mais alta corte do país, segundo critérios de racionalidade e coerência apontados por teorias da argumentação, a fim de alcançar a satisfação dos valores justiça e segurança, tão caros no sistema constitucional brasileiro.

Nota-se, portanto, que os quatro estudos que compõem essa Coletânea, revelam, por diferentes caminhos uma preocupação comum da Linha de Pesquisa *Finanças Públicas, Tributação e Desenvolvimento* do Programa de Pós-Graduação em Direito da Universidade do Estado do Rio de Janeiro - UERJ: a necessidade de, a partir da consideração de valores altamente prestigiados (justiça e segurança), o discurso teórico, acadêmico, ser construído de forma rigorosa e responsável, de modo que possa representar uma argumentação útil para a obtenção de soluções adequadas a importantes questões vivenciadas pela sociedade contemporânea em matéria tributária.

Rio de Janeiro, 26 de maio de 2014.

*Luís Cesar Souza de Queiroz / Gustavo da Gama Vital de Oliveira*

# SOBRE OS AUTORES

**AGOSTINHO DO NASCIMENTO NETTO**
Procurador-Regional da Fazenda Nacional da 2ª Região. Mestre em Direito pela Universidade de Brasília - UnB. Doutorando em Direito na Universidade do Estado do Rio de Janeiro - UERJ.

**GUSTAVO DA GAMA VITAL DE OLIVEIRA**
Professor Adjunto de Direito Financeiro da Universidade do Estado do Rio de Janeiro - UERJ. Doutor e Mestre em Direito Público pela Universidade do Estado do Rio de Janeiro - UERJ. Procurador do Município do Rio de Janeiro. Advogado. Diretor da Sociedade Brasileira de Direito Tributário (SBDT).

**LUÍS CESAR SOUZA DE QUEIROZ**
Procurador Regional da República. Mestre e Doutor em Direito Tributário pela Pontifícia Universidade Católica de São Paulo - PUC-SP. Professor de Direito Financeiro e Tributário da UERJ (Graduação e Mestrado/Doutorado). Professor da Escola Superior do Ministério Público da União - ESMPU.

**SERGIO ANDRÉ ROCHA**
Professor Adjunto de Direito Financeiro e Tributário da Universidade do Estado do Rio de Janeiro - UERJ. Sócio Titular de Andrade Advogados Associados.

# CONTROLE DE CONSTITUCIONALIDADE, MUTAÇÃO JURÍDICA E COISA JULGADA TRIBUTÁRIA – REFLEXOS SOBRE A PRESCRIÇÃO E DECADÊNCIA EM MATÉRIA TRIBUTÁRIA

*Luís Cesar Souza de Queiroz*

**SUMÁRIO**: **I.** Introdução. **II.** Análise dos fenômenos da relação continuativa tributária, da coisa julgada tributária, da mutação jurídica e da consolidação da jurisprudência. **II.1.** Os fenômenos da relação continuativa tributária e da coisa julgada tributária. **II.2.** Os fenômenos da mutação jurídica e da consolidação da jurisprudência. **III.** A consolidação da jurisprudência do STF e os prazos para repetir o indébito e para constituir o crédito tributário. **IV.** A mutação jurídica no controle concentrado de constitucionalidade e os prazos para repetir o indébito e para constituir o crédito tributário. **V.** O controle concentrado de constitucionalidade e a existência de coisa julgada tributária em sentido oposto – reflexos sobre os prazos para repetir o indébito e para constituir o crédito tributário **VI.** O controle difuso de constitucionalidade e a existência de coisa julgada tributária em sentido oposto – reflexos sobre os prazos para repetir o indébito e para constituir o crédito tributário. **VII.** Controles concentrado e difuso de constitucionalidade, coisa julgada tributária e a controvérsia introduzida pelo Parecer PGFN/CRJ/Nº 492/2011. Conclusão.

## I. INTRODUÇÃO

A elevada importância das decisões do Poder Judiciário sobre o universo tributário é incontestável. Cada vez mais, tem sido assentada pela doutrina e jurisprudência a necessidade de se distinguir *texto jurídico* de *norma jurídica*. Concebe-se norma jurídica como sendo uma mensagem prescritiva, que é construída a partir da interpretação de um corpo de linguagem (falada, dos sinais, escrita etc.), em geral textos (enunciados prescritivos: Constituição, lei, decreto etc.), que integra um dado sistema jurídico e que possui uma estrutura lógica própria. Todo texto jurídico demanda interpretação, que é uma atividade intelectual e emocional, presente em todas as áreas do conhecimento, cuja finalidade é obter e compreender o sentido a partir de signos. Nas palavras de BOBBIO,[1] "interpretar significa remontar do signo (signum) à coisa significada (designatum), isto é, compreender o significado do signo, individualizando a coisa por este indicada".

O presente trabalho volta sua atenção para a atividade de interpretação do Poder Judiciário, em especial quando exerce o controle de constitucionalidade, e aprecia o modo pelo qual os fenômenos da relação continuativa tributária, da coisa julgada tributária, da mutação jurídica e da consolidação da jurisprudência se inter-relacionam, bem como de que maneira essas relações afetam a contagem do prazo de prescrição referente à ação de repetição de indébito e do prazo de decadência relativo à realização do lançamento (constituição do crédito tributário).

Para tanto, é analisado o que representa o fenômeno da denominada relação continuativa tributária, e se existe a possibilidade de se falar em coisa julgada em matéria tributária, em especial, ante o disposto no enunciado da Súmula 239 do Supremo Tribunal Federal (STF). Outro ponto de especial interesse é o estudo da maneira pela qual é possível caracterizar o fenômeno da consolidação da jurisprudência e o da mutação jurídica ou normativa, com a investigação da maneira pela qual tais fenômenos afetam o sistema jurídico tributário brasileiro.

Ultrapassada essa parte, avaliar-se-á de que forma tais fenômenos afetam o prazo prescricional relativo à repetição do indébito tributário e o prazo decadencial concernente à constituição do crédito tributário por meio do lançamento.

O que será adiante esposado envolve questões extremamente relevantes para a sociedade brasileira, à medida que afetam diretamente as obrigações de natureza tributária dos cidadãos e das empresas nacionais. O alcançamento de uma adequada solução para essas questões demanda a consideração de princípios saturados dos mais elevados valores (principalmente, justiça e segurança), entre os quais, os princípios da igualdade, certeza jurídica,

1 BOBBIO, Norberto. *O positivismo jurídico: Lições de filosofia do direito*. São Paulo: Ícone, 1995, p. 212.

previsibilidade jurídica, capacidade contributiva objetiva, capacidade contributiva subjetiva e livre concorrência.

## II. ANÁLISE DOS FENÔMENOS DA RELAÇÃO CONTINUATIVA TRIBUTÁRIA, DA COISA JULGADA TRIBUTÁRIA, DA MUTAÇÃO JURÍDICA E DA CONSOLIDAÇÃO DA JURISPRUDÊNCIA

### II.1. Os fenômenos da *relação continuativa tributária* e da *coisa julgada tributária*

Primeiramente, é preciso assentar que para compreender os fenômenos da *relação continuativa tributária* e da *coisa julgada tributária,* é mister identificar de que modo vem sendo utilizadas as expressões *relação continuativa* e *coisa julgada.* Tem sido denominada de "relação continuativa" aquela que se protrai no tempo em função da preservação de seus pressupostos.[2] Nessa linha, costuma-se denominar de *relação continuativa tributária* aquela espécie de relação jurídica tributária que tende a se repetir no tempo e que decorre da incidência de norma tributária (abstrata) sobre certos fatos que, igualmente, tendem a se repetir no tempo.

Essa ideia merece ser mais bem desenvolvida. O uso da expressão *relação continuativa tributária* sintetiza um fenômeno um pouco mais complexo. As normas tributárias descrevem, em seu antecedente (ou hipótese), uma situação de fato de possível ocorrência e prescrevem, em seu consequente, a regulação de uma conduta entre um sujeito passivo (contribuinte) e um sujeito ativo, segundo a qual aquele é obrigado a entregar (em regra) certa quantia de dinheiro a este. Quando uma mesma pessoa (física ou jurídica) realiza concretamente situações que correspondem àquelas descritas no antecedente de certa norma tributária,

2 Neste sentido: Humberto Theodoro Jr., Coisa Julgada. Mandado de Segurança. Relação Jurídica Continuativa. Contribuição Social. Súmula nº 239 do STF, in MARTINS, Ives Gandra da Silva. PEIXOTO, Marcelo Magalhães. ELALI André (coord). *Coisa Julgada Tributária.* São Paulo: MP Editora, 2005, pp. 175-177. SANTOS, Moacyr Amaral, *Comentários ao Código de Processo Civil.* Volume IV. Rio de Janeiro: Forense, 1994, p. 483.

surgem os denominados fatos jurídicos tributários, que têm em comum a qualidade de possuírem os elementos característicos informados pelo antecedente de tal norma tributária. A partir da incidência dessa norma sobre cada um desses fatos jurídicos, surgem as correspondentes relações jurídicas tributárias (obrigações tributárias), as quais se sucedem no tempo e têm em comum a qualidade de possuírem os elementos característicos informados pelo consequente dessa mesma norma tributária. A essas relações jurídicas tributárias que se sucedem e que possuem tais elementos comuns é que se denomina de *relações continuativas tributárias*.

Assim, *relações continuativas tributárias* são as atinentes a certo contribuinte, as quais se sucedem no tempo, e têm em comum a qualidade de possuírem os elementos característicos informados pelo consequente de uma mesma norma tributária, e que decorrem da incidência dessa norma tributária sobre certos fatos (fatos jurídicos tributários ou fatos geradores concretos), os quais têm em comum a qualidade de possuírem os elementos característicos informados pelo antecedente dessa norma tributária.

As denominadas *relações continuativas tributárias* não são relações idênticas, mas, como se disse, são apenas relações que têm em comum a qualidade de possuírem os elementos característicos informados pelo consequente de uma mesma norma tributária. O conteúdo dessas relações varia na mesma medida que varia o conteúdo do fato jurídico tributário, ambos (fato e relação) qualificados juridicamente por uma mesma norma tributária. Eis a razão pela qual é corrente (e lógica) a assertiva de que se houver alteração no plano da norma ou no plano fático haverá alteração do resultado, ou seja, alteração da relação jurídica. Esse raciocínio está refletido no enunciado do inciso I do art. 471 do Código de Processo Civil que se refere à figura da "relação jurídica continuativa":

> Art. 471. Nenhum juiz decidirá novamente as questões já decididas, relativas à mesma lide, salvo: I – se, tratando-se de relação jurídica continuativa, sobreveio modificação do estado de fato ou de direito, caso em que poderá a parte pedir a revisão do que foi estatuído na sentença; [...]

Nesse contexto, cabe apreciar outro fenômeno - a *coisa julgada* -, bem como o seu reflexo em matéria tributária - a *coisa julgada tributária*.

A coisa julgada tem merecido expressa proteção constitucional desde a Constituição Brasileira de 1934. Essa Constituição, em seu art. 113, item 3, contido no Capítulo II - *Dos Direitos e Das Garantias Individuais* - do Título III - *Da Declaração de Direitos* -, dispôs, pela primeira vez, sobre a proteção à coisa julgada, nos seguintes termos: "A lei não prejudicará o direito adquirido, o ato jurídico perfeito e a coisa julgada".[3] Essa proteção vem sendo reiterada até os dias atuais, ressalvado o nefasto período em que prevaleceu a Carta Ditatorial de 1937. A Constituição de 1988, mantendo a tradição iniciada há 77 anos, dispôs igualmente acerca da proteção à coisa julgada no art. 5º, inciso XXXVI.[4]

Segundo a doutrina abalizada, coisa julgada (material) é a qualidade do comando contido em uma sentença de mérito de ser imutável e indiscutível, por não mais estar sujeita a recurso, seja o ordinário ou o extraordinário, nem ao duplo grau de jurisdição obrigatório. A decisão contida na sentença de mérito (art. 269 do CPC) qualificada pela coisa julgada torna-se imutável e indiscutível, tanto no processo em que a sentença foi proferida, quanto em processo futuro, salvo as situações previstas em lei. A coisa julgada (material) não pode ser confundida com a simples preclusão ou *coisa julgada formal* decorrente das sentenças que extinguem o

---

3 Constituição de 1934:
"Art 113 - A Constituição assegura a brasileiros e a estrangeiros residentes no País a inviolabilidade dos direitos concernentes à liberdade, à subsistência, à segurança individual e à propriedade, nos termos seguintes:[...]
3) A lei não prejudicará o direito adquirido, o ato jurídico perfeito e a coisa julgada."

4 Constituição de 1988:
"Art. 5º Todos são iguais perante a lei, sem distinção de qualquer natureza, garantindo-se aos brasileiros e aos estrangeiros residentes no País a inviolabilidade do direito à vida, à liberdade, à igualdade, à segurança e à propriedade, nos termos seguintes:[...]
XXXVI - a lei não prejudicará o direito adquirido, o ato jurídico perfeito e a coisa julgada;"

processo sem julgamento do mérito (art. 267 do CPC), a qual não impede que a discussão seja retomada em outro processo.

Como leciona José Carlos Barbosa Moreira:[5]

> O que se protege com a autoridade da coisa julgada material (= o que se torna imutável) é só o resultado final do pleito; mas este fica protegido (= conserva-se imutável) sejam quais forem as questões que alguém pretenda suscitar para atacá-lo, ainda que delas se pudesse ter valido, no primeiro feito, como arma (de ataque ou de defesa), entretanto lá não utilizada.

Nessa mesma linha doutrina Nelson Nery Júnior:[6]

> Coisa julgada material (*auctoritas rei iudicatoe*) é a qualidade que torna imutável e indiscutível o comando que emerge da parte dispositiva da sentença de mérito, não mais sujeita a recurso ordinário ou extraordinário (CPC, art. 467; LICC, art. 6º, § 3º), nem à remessa necessária do CPC, art. 475. Somente ocorre se e quando a sentença de mérito tiver sido alcançada pela preclusão, isto é, a coisa julgada formal é pressuposto para que ocorra a coisa julgada material, mas não o contrário. A coisa julgada material é um efeito especial da sentença transitada formalmente em julgado.

A coisa julgada apresenta um ponto comum com a prescrição e a decadência: fundamenta-se no propósito de proporcionar a paz social, à medida que põe termo nas discussões levadas a juízo. É corrente a assertiva de que seu compromisso é com o valor segurança jurídica, não com a justiça. Sem pretender aprofundar esse ponto, parece adequado conceber que a coisa julgada existe não para afrontar o valor justiça, o mais elevado e abstrato do universo jurídico, mas para realizá-lo da melhor forma possível. Por certo, a busca sem fim, sem limites, pela decisão idealmente justa conduziria à eternização do litígio e à preservação do estado de in-

---

5 MOREIRA, José Carlos Barbosa. Considerações sobre a chamada "relativização" da coisa julgada material. *Revista Dialética de Direito Processual*, nº 22, 2005, p. 94.

6 NERY JUNIOR, Nelson. Coisa julgada e o estado democrático de direito. *Revista Forense*, v. 100, nº 375, pp. 141-159, set./out. 2004.

definição conflituosa, onde a justiça não é concretizada; em suma, ter-se-ia instaurado um estado de in-justiça.

Nesse contexto, uma interessante questão pode ser suscitada: tendo em conta que as relações tributárias costumam ser continuativas, é possível haver coisa julgada em matéria tributária?

A resposta positiva se impõe. Não se deve confundir *existência* de coisa julgada com *limites* da coisa julgada. O que restou decidido em sentença de mérito, tendo em conta determinada realidade normativa e fática, se estas restarem mantidas, é qualificado pela coisa julgada. Nesse ponto, são lapidares as palavras de Humberto Theodoro Jr.[7] sobre a formação da coisa julgada e sobre o sentido de relação jurídica continuativa, nos termos dispostos no art. 471, I, do CPC, pelo que vale reproduzir duas passagens do seu artigo:

> A sentença compõe a lide e, como solução da lide, é que ela faz *coisa julgada* (art. 468). Com efeito, anota com toda judiciosidade Frederico Marques, "a situação litigiosa, que foi composta, constitui a área em que em os efeitos imutáveis do julgamento. O que individualiza a lide, objetivamente, são o *pedido* e a *causa petendi,* isto é, o pedido e o fato constitutivo que fundamenta a pretensão. Portanto, a limitação objetiva da coisa julgada está subordinada aos princípios que regem a identificação dos elementos objetivos da lide".[...]
> Segundo dispõe o art. 471,1, do CPC, a vedação de decidir novamente as questões já decididas, de uma mesma lide, decorrente da coisa julgada, ou da preclusão, não se aplica quando se trata de *relação jurídica continuativa,* e sobrevêm modificação no estado de fato ou de direito. Nesse caso permite o dispositivo legal aludido que a parte possa, mesmo após o trânsito em julgado, mover ação de "revisão do que foi estatuído na sentença".
> A partir dessa particular condição do julgamento das lides formadas sobre relações continuativas, boa parte da doutrina e jurisprudência, e até o próprio legislador, foram levados a cometer o grave erro de negar a ocorrência de coisa julgada, por exemplo, nas ações de alimentos, no pressuposto de que a pensão fixada na sentença pode ser revista e até cancelada, ulteriormente ao processo em que se deu a condenação.
> No entanto, o que se acertou e definiu, em torno da relação jurídica continuativa, é tão indiscutível e imutável como o declarado em qualquer outra sentença de mérito. O que se modifica, na espécie, não é

7 Humberto Theodoro Jr., *idem*, pp. 172-175.

> a sentença, mas a relação jurídica material sobre a qual a força da sentença tem de atuar.

Mais um aspecto merece ser esclarecido, qual seja, o atinente à possibilidade de existir coisa julgada referente à *relação continuativa em matéria tributária*, especialmente tendo em conta o disposto na Súmula nº 239 do STF.[8]

O enunciado dessa súmula não é óbice para se restringir a formação da coisa julgada nas relações continuativas tributárias. O ponto central é definir os limites da lide, se o que se discute se refere somente a um exercício ou se também se aplica aos exercícios subsequentes. Nessa linha, é precisa a lição de Humberto Theodoro Jr.:[9]

> Definir, portanto, se a sentença deve fazer coisa julgada sobre toda a relação jurídica tributária duradoura, ou se deve restringir-se ao lançamento impugnado vai depender da *lide* posta em juízo. [...] Quer isto dizer que a extensão da coisa julgada, em direito tributário, tanto pode ficar restrita a um exercício, ou um lançamento, como pode estabelecer-se em caráter permanente para alcançar todo o desenrolar futuro da relação continuativa mantida entre o contribuinte e o Fisco. O que vai determinar uma ou outra extensão será a lide retratada no processo."

Sobre o enunciado da Súmula nº 239 do STF, é preciso ter em conta que a mesma decorre de precedente relativo a embargos em execução fiscal (AI-Embargos 11.227), cujo julgamento pelo Pleno ocorreu em 05 de junho de 1944,[10] ementado nos seguintes termos:

> Executivo fiscal – Impôsto de renda sobre juros de apólices – Coisa julgada em matéria fiscal. É admissível em executivo fiscal a defesa fundada em "coisa julgada" para ser apreciada pela sentença final. Não alcança os efeitos da coisa julgada em matéria fiscal, o pronun-

---

8 Eis o enunciado d Súmula nº 239 do STF: "Decisão que declara indevida a cobrança do imposto em determinado exercício não faz coisa julgada em relação aos posteriores".

9 Humberto Theodoro Jr., *idem*, p. 177.

10 AI 11227 embargos, Embargos no Agravo de Instrumento ou de Petição; Relator Min. Castro Nunes; julgamento em 05/06/1944.

ciamento judicial sobre nulidade do lançamento do impôsto ou da sua prescrição referente a um determinado exercício, que não obsta-o procedimento fiscal nos exercícios subseqüentes.

O Ministro Castro Nunes, relator do feito, em seu voto, teve a oportunidade de esclarecer o sentido que deve ser conferido à súmula:

> Mas se os tribunais estatuíram sobre o imposto em si mesmo, se o declararam indevido, se isentaram o contribuinte por interpretação da lei ou de cláusula contratual, se houveram o tributo por ilegítimo, porque não assente em lei ou por inconstitucional a lei que o criou, em qualquer desses casos o pronunciamento judicial poderá ser rescindido pelo meio próprio, mas enquanto subsistir será um obstáculo à cobrança, que, admitida sob a razão especiosa de que a soma exigida é diversa, importaria praticamente em suprimir a garantia jurisdicional do contribuinte que teria tido, ganhando a demanda a que o arrastara o Fisco, uma verdadeira vitória de Pyrrho.[11]

Resta evidenciado que o sentido, atribuído pelo próprio STF para a Súmula 239 não afasta a possibilidade de se ter coisa julgada em matéria tributária, apenas é destacado que a coisa julgada somente se aplica a exercícios futuros se forem mantidas as mesmas condições de fato e de direito que fundamentaram a decisão. Se ocorrerem mudanças de fato ou de direito, ter-se-á que analisar se elas são suficientes para alterar o regime jurídico aplicável e, daí, implicar uma consequência jurídica diversa daquela transitada em julgado para os novos fatos jurídicos.

Vale observar que o próprio STF já se manifestou outras vezes no sentido da aplicação da Súmula nº 239 da forma antes exposta. Destaca-se o decidido pelo STF no AI 121047 AgR/SP,[12] cuja ementa é a seguinte:

> MANDADO DE SEGURANÇA PREVENTIVO - SUMULAS 239 E 266. NÃO INCIDÊNCIA, NO CASO. ICM - FORNECIMENTO DE ALIMENTOS E BEBIDAS EM RESTAURANTES. LEI DO ESTADO DE SÃO PAULO

11 Esta passagem consta a fls. 158 dos autos do AI 11227 embargos.

12 AI 121047 AgR/SP; Agravo Regimental no Agravo de Instrumento; Relator Min. Sydney Sanches; Julgado em 15/12/1987.

(Nº 2.252, DE 20/12/1979) QUE, DANDO NOVA REDAÇÃO AO PARÁGRAFO-10 DO ART. 19 DA LEI 440/74, AINDA NÃO FIXOU A BASE DE CALCULO PARA A INCIDÊNCIA DE TAL TRIBUTO NA OPERAÇÃO DE FORNECIMENTO PROPRIAMENTE DITA. **MANDADO DE SEGURANÇA PREVENTIVO, DEFERIDO NO ACÓRDÃO RECORRIDO, PARA SE OBSTAR A EXIGÊNCIA DO TRIBUTO EM TAIS OPERAÇÕES, ENQUANTO NÃO SE EXPLICITAR, EM LEI, A RESPECTIVA BASE DE CALCULO.** RECURSO EXTRAORDINÁRIO INDEFERIDO NA ORIGEM. AGRAVO REGIMENTAL IMPROVIDO, **REJEITADA A ALEGAÇÃO DE DIVERGÊNCIA COM AS SUMULAS 239** E 266. (grifo nosso)

Em seu voto, o relator, Ministro Sydney Sanches, esclareceu o seguinte:

A respeito de ambos os temas, assim se manifestou o v. acórdão extraordinariamente recorrido, sem afrontar qualquer das Súmulas (239 e 266).

> "O que se coloca na impetração é o direito da impetrante, proprietária de restaurante, de não sofrer a cobrança do ICM em sua atividade precípua de fornecimento de bebidas e alimentos aos seus fregueses, nos moldes estabelecidos na legislação tributária paulista.
> Cuida-se, assim, de típica segurança preventiva, alicerçada em elementos concretos e diante de ameaça decorrente da orientação do fisco estadual, consubstanciada nas alegações de mérito da autoridade impetrada. Não se volta o pedido contra a lei em tese, e nem se há que taxar de normativa a segurança, mas preventiva contra tal orientação, que conduzirá, inevitavelmente caso intente, sem cobertura judicial, deixar de solver as parcelas do ICM, no regime em que está enquadrada, ou não lançar em seus livros os tributos relativos às operações de fornecimento efetuadas em seus estabelecimentos."

Os julgados referidos, pelo Estado de São Paulo, no agravo regimental (fls. 114/121) não dão às Súmulas 239 e 266 conotação diversa da que deu a decisão ora agravada. Nem reconhecem divergência com seus enunciados em situações como a dos autos.[13]

Desse modo, é preciso ressaltar que o efetivo entendimento do STF consubstanciado na Súmula 239 não afasta, mas, pelo contrário, assenta a possibilidade de haver coisa julgada referente à relação continuativa tributária.

13 Esta passagem consta a fls. 639-640 dos autos do AI 121047 AgR/SP.

## II.2. Os fenômenos da mutação jurídica e da consolidação da jurisprudência

A ideia de Direito encontra-se intimamente relacionada a dois relevantes e fundamentais valores: justiça e segurança jurídica. Esses valores encontram-se em permanente consideração no processo de produção (criação, informação e conformação) do Direito.

O Princípio da Irretroatividade, direta e imediatamente relacionado ao valor segurança jurídica e tradicionalmente presente no sistema constitucional brasileiro, é normalmente apreciado sob o ângulo da impossibilidade jurídica de a lei prejudicar o ato jurídico perfeito, o direito adquirido e a coisa julgada. Daí a assertiva corrente de que o princípio da irretroatividade afeta diretamente a atividade do Poder Legislativo, à medida que informa os limites da competência do legislador que se propõe a produzir normas jurídicas, em especial as normas de natureza tributária.

Contudo, há uma questão mais delicada e menos debatida, que é a relativa à identificação do modo pelo qual o princípio da irretroatividade pode ser aplicado às decisões do Poder Judiciário, que, a partir de um mesmo texto, firma uma nova interpretação, diferente da que vinha tradicionalmente sendo adotada. Esse fenômeno é de suma importância, pois no sistema jurídico brasileiro cabe ao Poder Judiciário estabelecer qual é a interpretação juridicamente "correta", ou com mais rigor, cabe determinar que interpretação deve prevalecer, informando, em último grau, o que é Direito. Cabe lembrar que a expressão interpretação, num sentido amplo, representa o fenômeno de obter, de construir o sentido, e precede toda decisão judicial. Essa circunstância não passou despercebidamente por Neil MacCormick, que bem esclarece:

> En consecuencia, en un sentido amplio del término "interpretación", toda aplicación de una razón autoritativa exige algún acto de interpretación, dado que tenemos que formarnos una comprensión de lo que el texto autoritativo requiere para aplicarlo, y podemos decir que cualquier acto de aprehensión del significado implica interpretación.[14]

14 MACCORMICK, Neil. Argumentación e Interpretación en el derecho. *DOXA, Cuadernos de Filosofía del Derecho*, 33. 2010, p. 69.

Esse fenômeno de mudança de interpretação, em especial, por parte do Poder judiciário, mundialmente analisado, é aqui designado como ***mutação normativa*** ou ***mutação jurídica***. Mutação normativa ou jurídica é o fenômeno representativo daquelas situações em que se perfaz uma transformação informal do sistema jurídico, pois, sem que tenha ocorrido qualquer mudança no texto jurídico (constitucional ou infraconstitucional), o qual mantém a mesma fórmula linguística, por força de transformações da realidade (físicas, ambientais, tecnológicas etc.) ou mesmo de valores sociais, morais, econômicos e culturais predominantes, constrói-se uma nova interpretação, que difere daquela que até então era tradicionalmente desenvolvida, em especial, pelo Poder Judiciário.[15]

---

15 CANOTILHO, J.J. Gomes. *Direito constitucional e teoria da constituição*. 7. ed. Coimbra: Edições Almedina, 2003. p. 1228. URRUTIA, Ana Victoria Sánchez. *Mutación constitucional y fuerza normativa de la Constitución: una aproximación al origen del concepto*. Revista Española de Derecho Constitucional, Año 20. Núm. 58. Enero-Abril 2000, pp. 105-135. GUASTINI, Ricardo. *Distinguiendo - estudios de teoría y metateoría del derecho*. Barcelona: Gedisa, 1999, pp. 234-235 e 295-296. DAU-LIN, Hsü. *Mutación de la Constitución*. Trad. Christian FÖRSTER, Oñati: IVAP - Instituto Vasco de Administración Pública Herri-Arduralaritzaren Euskal Erakundea, 1998. (orig. Die Verfassungswandlung Walter de Gruyter, Berlin und Leipzig, 1932). HÄBERLE, Peter. *Hermenêutica Constitucional - a sociedade aberta dos intérpretes da Constituição: contribuição para a interpretação pluralista e "procedimental" da Constituição*. Trad. Gilmar Ferreira Mendes. Porto Alegre: Sergio Antonio Fabris Editor, 1997. (orig. *Die offene Gesellschaft der Verfassungsinterpreten. Ein Beitrag zur pluralistischen und "prozessualen" Verfassungsinterpretation*). JELLINEK, Georg. *Reforma y mutación de la Constitución*. Trad. Christian Förster. Madrid: Centro de Estudios Constitucionales, 1991. (orig. Verfassungsänderung und Verfassungswaandlung. Eíne staatsrechtlich-politische Abhandlung von Georg Jellinek, Berlín, Verlag von O. Häring, 1906). BARROSO, Luís Roberto. Fundamentos teóricos e filosóficos do novo direito constitucional brasileiro. In *A nova interpretação constitucional*. RJ: Renovar, 2003, pp. 34-43. BONAVIDES, Paulo. *Curso de direito constitucional*. SP: Malheiros, 2001, pp. 465-480. BULOS, Uadi Lammêgo. *Mutação constitucional*. São Paulo: Saraiva, 1997. pp. 66-71. FERRAZ, Anna Candida da Cunha. *Processos informais de mudança da constituição: mutações constitucionais e mutações inconstitucionais*. São Paulo: Max Limonad, 1986. QUEIROZ, Luís Cesar Souza de Queiroz. Justiça e segurança na tributação: a aplicabilidade do princípio da irretroatividade aos casos de mutação normativa promovida pelo poder judiciário. In OTERO, Paulo. ARAÚJO, Fernando. GAMA, João Taborda da. *Estudos em memória do prof. doutor Saldanha Sanches. Vol. III*. Coimbra: Coimbra Editora, 2011, pp. 377-408.

É natural e inevitável que o Direito, como objeto cultural, evolua e se transforme, no tempo e no espaço, independentemente de qualquer alteração de texto legal. O entendimento sobre um mesmo texto se altera com o passar do tempo em função das cada vez mais rápidas e profundas mudanças, de ordem cultural, moral, social, econômica e política, que a humanidade experimenta. A velocidade com que as informações circulam nos dias atuais contribui para que esse processo se dinamize. Há quem destaque que a mudança ou "a adaptação à nova realidade" de entendimento anterior, confere uma maior abertura ao sistema jurídico, tornando menos necessária a produção de novos textos por parte do legislador.

Convém aduzir que se o Direito é revelado pela interpretação de textos jurídicos – da lei em sentido amplo –, se, no sistema brasileiro a interpretação que prevalece juridicamente é a construída pelo Poder Judiciário, a mudança de entendimento, de interpretação de um mesmo texto levada a termo pelos órgãos judicantes significa, em suma, a mudança do próprio Direito. Esse fenômeno da mutação jurídica chama a atenção para o fato de que a partir da interpretação de um mesmo texto mais de um sentido pode ser construído, contudo, há limites para essa atividade. Sob o pretexto de interpretar, não se deve criar algo totalmente diverso do objeto interpretado. Como leciona Umberto Eco: "um texto pode significar muitas coisas, mas há sentidos que seria despropositado sugerir".[16]

---

16 ECO, Umberto. *Interpretação e Superinterpretação*. São Paulo: Martins Fontes, 1997, p. 50. Esse tema é desenvolvido de modo interessante em alguns estudos: SCHROTH, Ulrich. Hermenêutica filosófica e jurídica. *In* KAUFMANN, Arthur. HASSEMER, Winfried (org.). *Introdução à filosofia do direito e à teoria do direito contemporâneas*. Lisboa: Calouste Gulbekian, 2002, pp. 381-408. ALEXY, Robert. *Teoria da Argumentação Jurídica*. Trad. de Zilda Hutchinson Schild Silva. São Paulo: Landy, 2005. CARVALHO, Paulo de Barros. *Direito Tributário: linguagem e método*. 2ª edição. São Paulo: Noeses, 2008. MACCORMICK, Neil. Argumentación e Interpretación en el derecho. *DOXA, Cuadernos de Filosofía del Derecho, 33*. 2010, pp. 65-78. GADAMER, Hans-Georg. *Verdade e método I: traços fundamentais de uma hermenêutica filosófica*. Tradução de Flávio Paulo Meurer. Petrópolis: Vozes, 2005. GADAMER, Hans-Georg. *Verdade e método II: complementos e índice*. Tradução de Ênio Paulo Giachini. Petrópolis: Vozes, 2002. GUASTINI, Ricardo. Una teoría cognoscitiva de la interpretación. *Isonomía: Revista de Teoría y Filosofía del Derecho Nº 29*, 2008, pp. 15-31. ATIENZA, Manuel. *Interpretación constitucional*. Bogotá: Universidad Libre, 2010. MORESO, José Juan. Dos concepciones de la interpretación jurídica. *Isonomía: Revista de Teoría y Filosofía del Derecho Nº 29*, 2008, pp. 7-14. FERREIRA, Odim

Urge salientar que, no caso da mutação jurídica, a mudança do Direito se processa independentemente de qualquer alteração em texto jurídico (constitucional ou infraconstitucional). E mais, as decisões do Supremo Tribunal Federal sobre a constitucionalidade de leis (normas) são produzidas, em regra, para ter efeitos *ex tunc*, portanto, retroagem à data da produção legislativa, pelo que as mudanças de interpretação apresentam normalmente efeito retroativo.

Essas considerações apontam para um outro lado da moeda que não deve ser ignorado. O preço da mutação jurídica promovida pelo Poder Judiciário é alto, pois ele compromete um dos valores mais caros do Direito que é a segurança jurídica. Este valor, para ser alcançado, depende essencialmente do sentimento de previsibilidade, que é conferido pela preservação ao longo do tempo de uma mesma interpretação por parte do Poder Judiciário. Como compatibilizar a "natural" mutabilidade de interpretação do Poder Judiciário com o valor segurança jurídica depende da análise de outro fenômeno, que é o da *consolidação da jurisprudência*. É missão tão fundamental quanto árdua a relativa à caracterização e ao dimensionamento desse fenômeno da consolidação da jurisprudência.

Segundo o sistema constitucional brasileiro, compete ao Superior Tribunal de Justiça (STJ) dar a última palavra acerca da interpretação de matéria infraconstitucional. Por outro lado, compete ao Supremo Tribunal Federal (STF) dar a última palavra acerca da interpretação de matéria constitucional. O STF tem a competência de ser o último intérprete do ordenamento, pois a ele cabe decidir se uma determinada disposição legal afronta a Constituição ou se há necessidade de atribuir a tal disposição um certo sentido que esteja em conformidade com o que prescreve a Constituição (interpretação conforme a Constituição).

Essa circunstância informa que o entendimento firmado pelo STJ pode ser afetado por entendimento diverso do STF. Para tanto, basta que esta Corte Suprema entenda que a matéria discutida e decidida pelo STJ envolve diretamente tema constitucional. O inverso não acontece. Se o STF define uma determinada interpretação como sendo a que é conforme a Constituição, tal decisão não pode

Brandão. *Laiaali: a universalidade do problema hermenêutico*. Porto Alegre: Sergio Antonio Fabris, 2001.

ser afastada pela interpretação diversa de nenhum outro órgão do sistema. Assim, uma primeira conclusão aponta para as decisões do STF como sendo as que podem representar uma consolidação da jurisprudência com um grau mais elevado de permanência.

Porém, ainda quanto à interpretação adotada pelo STF, surge a questão de se determinar a partir de que condições é possível afirmar que há uma consolidação da jurisprudência, a ponto de se poder considerar que uma nova interpretação do próprio STF, em sentido diverso, não deverá ter efeito retroativo, isto é, ser aplicada a fatos ocorridos antes de a decisão veiculadora desta nova interpretação ser publicada.

Os critérios para a identificação de uma *consolidação da jurisprudência*, por respeito à segurança jurídica, devem ser encontrados no interior do sistema jurídico vigente. Destaca-se a importância das decisões judiciais veiculadoras de interpretações cujos efeitos prevalecem perante toda a comunidade e que, especialmente, vinculam todos os órgãos públicos, quais sejam, as contidas na ação direta de inconstitucionalidade (ADI), na ação declaratória de constitucionalidade (ADC), na arguição de descumprimento de preceito fundamental (ADPF) e na interpretação cristalizada em uma *súmula vinculante*.[17]

Dessarte, estas decisões judiciais possuem certas qualidades especiais: a) seus efeitos, em regra, retroagem à data da produção do texto jurídico, pelo que se a lei (a norma legal) é considerada constitucional ou inconstitucional, isso significa dizer que ela sempre foi assim, desde a sua produção; o que faz a decisão é reconhecer e declarar tal conclusão (fala-se em efeito *ex tunc*);[18] b) seus

---

17 A súmula vinculante, introduzida no sistema jurídico brasileiro pela Emenda Constitucional nº 45/2004, que representa uma ponte entre os controles difuso e concentrado de constitucionalidade, encontra-se assim prevista no art. 103-A da Constituição:

"Art. 103-A. O Supremo Tribunal Federal poderá, de ofício ou por provocação, mediante decisão de dois terços dos seus membros, após reiteradas decisões sobre matéria constitucional, aprovar súmula que, a partir de sua publicação na imprensa oficial, terá efeito vinculante em relação aos demais órgãos do Poder Judiciário e à administração pública direta e indireta, nas esferas federal, estadual e municipal, bem como proceder à sua revisão ou cancelamento, na forma estabelecida em lei."

18 Nesse sentido, destaca-se elucidativo trecho da ementa da ADI 2 (Relator Min. PAULO BROSSARD, julgada em 06/02/1992:

efeitos afetam todos, sejam pessoas físicas ou jurídicas, públicas ou privadas, tal qual uma *lei* que afeta todos (fala-se em efeito *erga omnes*); e c) seus efeitos vinculam a atuação de todos os órgãos habilitados a produzir norma (em especial, a atuação daqueles que aplicam a norma legal nos casos concretos, sejam integrantes do Poder Executivo, do Poder Judiciário ou mesmo do Poder Legislativo), os quais têm o dever jurídico de seguir a mesma interpretação adotada pela Suprema Corte (fala-se em efeito vinculante).

Nesses casos, por respeito aos princípios da certeza do direito, da previsibilidade jurídica e da irretroatividade, todos corolários do valor segurança jurídica, parece certo conceber que, na hipótese de o STF adotar uma nova interpretação em sentido diverso da que havia adotado no julgamento de uma ADI, ADC, ADPF ou cristalizado em uma súmula vinculante, aquela nova interpretação por ele adotada somente deverá prevalecer sobre os fatos ocorridos após a publicação da nova decisão contida no acórdão ou na súmula vinculante, tal como acontece com a publicação de

---

"CONSTITUIÇÃO. LEI ANTERIOR QUE A CONTRARIE. REVOGAÇÃO. INCONSTITUCIONALIDADE SUPERVENIENTE. IMPOSSIBILIDADE.
1. A lei ou é constitucional ou não é lei. Lei inconstitucional é uma contradição em si. A lei é constitucional quando fiel à Constituição; inconstitucional na medida em que a desrespeita, dispondo sobre o que lhe era vedado. O vício da inconstitucionalidade é congênito à lei e há de ser apurado em face da Constituição vigente ao tempo de sua elaboração. [...]."
Na mesma linha, ressalta-se representativa passagem da ADI 1434 MC/SP (Relator Min. CELSO DE MELLO. julgada em 20/08/1996:
"E M E N T A: AÇÃO DIRETA DE INCONSTITUCIONALIDADE - CONSTITUIÇÃO DO ESTADO DE SÃO PAULO (ART. 101) - EQUIPARAÇÃO, EM VENCIMENTOS E VANTAGENS, ENTRE PROCURADORES DO ESTADO E PROCURADORES AUTÁRQUICOS - ALEGAÇÃO DE OFENSA À CONSTITUIÇÃO FEDERAL (ART. 37, XIII; ART. 39, § 1º E ART. 61, § 1º, II, C) - PLAUSIBILIDADE JURÍDICA - MEDIDA CAUTELAR DEFERIDA COM EFICÁCIA EX NUNC. INGRESSO DE SINDICATO COMO LITISCONSORTE PASSIVO NECESSÁRIO EM PROCESSO DE CONTROLE ABSTRATO DE CONSTITUCIONALIDADE - INADMISSIBILIDADE. [...]
- A declaração de inconstitucionalidade, no entanto, que se reveste de caráter definitivo, sempre retroage ao momento em que surgiu, no sistema de direito positivo, o ato estatal atingido pelo pronunciamento judicial (nulidade ab initio). É que atos inconstitucionais são nulos e desprovidos de qualquer carga de eficácia jurídica (RTJ 146/461). [...]"

uma nova lei, que provoca uma alteração no ordenamento jurídico. Desse modo, pode-se dizer que a interpretação judicial que for adotada no julgamento de uma ADI, ADC, ADPF ou cristalizada em súmula vinculante representa uma *consolidação da jurisprudência com eficácia máxima.*

A situação é diversa no que tange à decisão contida no enunciado de uma súmula que não é vinculante.[19] Apesar de o enunciado dessa súmula revelar que uma determinada interpretação foi por diversas vezes reiterada, encontrando-se cristalizada no âmbito da Suprema Corte, ela não possui o efeito de vincular a ação dos demais órgãos do Poder Judiciário e da administração pública direta e indireta, nas esferas federal, estadual e municipal. Por essa razão, qualquer juiz, ou qualquer administrador pode adotar uma interpretação em sentido diverso, sem que esteja afrontando uma decisão do STF, a ponto de ter seu ato revisto por meio do instrumento da reclamação perante este órgão supremo.

Há, todavia, uma importante peculiaridade. A existência de uma súmula cristalizando um entendimento acerca da constitucionalidade ou inconstitucionalidade de uma norma tributária representa a reiteração da interpretação da Corte Suprema do país, em vários julgamentos, sobre a existência ou não do dever de pagar certo tributo. Essa consolidação da jurisprudência informa que, segundo o entendimento reiterado do STF, a partir de um texto legal foi ou não possível construir uma norma tributária. É certo que essa interpretação não vincula os demais órgãos do sistema, o que significa que não precisa ser obrigatoriamente seguida por eles.

Contudo, não se deve olvidar que todo texto legal demanda interpretação. Um texto legal sem a interpretação é um mero suporte físico, sem sentido, sem significação. Se a Suprema Corte, que é o órgão máximo do sistema para interpretar textos jurídicos, torna público que, a partir de um certo texto jurídico, não é possível construir norma jurídica por falta de fundamento constitucional de validade (norma inconstitucional), isso representa

19 O art. 8º da Emenda Constitucional nº 45/2004 dispõe que "as atuais súmulas do Supremo Tribunal Federal somente produzirão efeito vinculante após sua confirmação por dois terços de seus integrantes e publicação na imprensa oficial."

um dado de grande relevância para o sistema jurídico tributário, ainda que não seja vinculante.

Essa situação pode causar a seguinte perplexidade: que interpretação deve ser seguida pelo contribuinte – a defendida pelo Poder tributante ou a consolidada pelo STF em uma súmula não vinculante? Se for esta, na hipótese de o STF mudar sua interpretação, seria igualmente aplicável o princípio da irretroatividade, de modo que essa nova interpretação prevalecesse somente com relação aos fatos ocorridos após seu advento?

Há que se sopesar os diversos valores jurídicos em jogo. Aquele que se comporta em consonância com a interpretação judicial consolidada em uma súmula não vinculante do STF está se comportando segundo o que, na visão dessa Corte Suprema, representa ser o Direito.

Portanto, se o STF mudar a interpretação que havia sido anteriormente consolidada em súmula não vinculante, a nova interpretação por ele adotada somente deverá prevalecer sobre os fatos ocorridos após o trânsito em julgado da respectiva decisão ou após a publicação da correspondente súmula vinculante (as quais veicularam essa nova interpretação), tal como acontece com a publicação de uma lei nova, que provoca uma alteração no ordenamento jurídico. Entretanto, a eficácia da interpretação judicial consolidada em súmula não vinculante é moderada em função de os demais órgãos do sistema não estarem a ela vinculados. Assim, por respeito aos princípios da irretroatividade, da certeza do Direito e da previsibilidade jurídica, todos corolários do valor Segurança Jurídica, pode-se dizer que a interpretação judicial que for adotada em súmula não vinculante qualifica-se como uma *consolidação da jurisprudência com eficácia moderada*.

Um exemplo pode contribuir para elucidar essa passagem. Se o STF consolida seu entendimento em uma súmula não vinculante no sentido de conceber que um tributo é constitucional e, em decisão posterior, passa a interpretar que é inconstitucional, deve-se também atribuir a esta decisão, excepcionalmente, efeitos *ex nunc* (a partir de agora), de modo que somente os fatos ocorridos após a publicação do acórdão relativo à nova decisão não mais sofrerão a incidência da norma tributária (que até então era considerada constitucional) e, assim, não mais provocarão o nascimento da obrigação tributária.

A grande diferença das situações que envolvem as súmulas não vinculantes para aquelas situações que envolvem as súmulas vinculantes ou as decisões em ADI, ADC, ou ADPF é que naquelas, ao contrário do que ocorre com estas, não existe o efeito de vincular a ação dos demais órgãos do Poder Judiciário e da administração pública direta e indireta, nas esferas federal, estadual e municipal. Portanto, mesmo que o entendimento consolidado pelo STF em súmula não vinculante seja no sentido de declarar que uma exação tributária é inconstitucional, o Poder tributante pode interpretar os textos jurídicos existentes de modo diverso, considerar que há norma tributaria válida e, assim, exigir o pagamento do respectivo tributo. Exatamente em função da inexistência de efeito vinculante que se falou em consolidação da jurisprudência com eficácia moderada. Vale lembrar que, apesar de não ter efeito vinculante, a decisão contida em uma súmula não vinculante apresenta efeitos *erga omnes*, pois, tal como uma lei, a súmula se destina a toda comunidade.

Ainda quanto à consolidação da jurisprudência no âmbito do STF, não se pode ignorar que, por diversas vezes, essa Corte consolida um entendimento sem que isso se perfaça por meio de um julgamento de ADI, ADC, ADPF ou por meio da adoção de súmula, vinculante ou não. Normalmente, esse fenômeno acontece quando uma determinada matéria é decidida pelo Pleno do STF. Este tipo de decisão revela o modo pelo qual a Suprema Corte, em sua composição máxima, interpretou certa matéria jurídica, o que, em regra, sugere que nos próximos julgamentos que envolvam essa matéria o resultado tende a ser o mesmo. Não há o efeito vinculante, nem o nível máximo de consolidação, típicos dos julgamentos de ADI, ADC, ADPF ou da adoção de súmula vinculante. Não há o nível elevado de consolidação típico da adoção de súmula não vinculante. Porém, há um forte indicador do modo pelo qual a Corte Suprema do país interpretará certa matéria jurídica dali para frente.

Assim, se o STF resolve mudar o entendimento anteriormente firmado pelo seu órgão Plenário, é recomendável que ele pondere os diversos valores em jogo, em especial o valor Segurança Jurídica, a fim de verificar a conveniência de, também nesta hipótese, conferir à decisão que adotar a nova interpretação, efeitos meramente *ex nunc*. Por certo, assim procedendo, a Suprema Corte contribuirá para a realização dos princípios da certeza do

Direito e da previsibilidade jurídica e, por consequência, do valor Segurança Jurídica. Poder-se-ia falar, nestes casos, em consolidação da jurisprudência com eficácia reduzida.

Quanto à noção de consolidação da jurisprudência para os fins de aplicação do princípio da irretroatividade, ainda cabe uma última observação. Mais uma vez, ponderando os valores jurídicos do sistema brasileiro e considerando o fenômeno pragmático da mudança de interpretação, da evolução exegética por parte do Poder Judiciário, provocada pela natural e cada vez mais veloz mudança de valores sociais, morais, culturais, econômicos etc., pode-se concluir que às interpretações do Poder Judiciário que não estejam cristalizadas em súmulas (vinculantes ou não), do STF, ou que não sejam objeto de decisões tomadas em ADI, ADC, ADPF ou que não sejam objeto de decisões tomadas pelo respectivo órgão Pleno (ou por outros que, por normas regimentais, tenham efeitos equivalentes no tocante à consolidação), não se deve aplicar o princípio da irretroatividade. Logo, a decisão judicial reveladora de nova e diversa interpretação deverá ser aplicada aos fatos ocorridos antes da sua publicação (nova decisão com efeitos *ex tunc*).

É mister ressaltar que essa conclusão que preconiza uma ponderada aplicação do princípio da irretroatividade às inovações de interpretação por parte do Poder Judiciário acaba por exaltar a Segurança Jurídica, pois tal como ocorre com a produção de uma lei (um texto jurídico), para decidir acerca da aplicabilidade do princípio da irretroatividade a esses casos, adota-se um duplo critério:

a) um de natureza material: somente as normas jurídicas veiculadas nos enunciados das decisões relativas a ADI, ADC, ADPF, Súmula Vinculante, Súmula Não Vinculante e das decisões do órgão Pleno (ou de outros que, por normas regimentais, tenham efeitos equivalentes no tocante à consolidação) do STF são garantidas, em diferentes graus, pelo princípio da irretroatividade; e

b) outro de natureza temporal: o momento do trânsito em julgado das novas decisões relativas a ADI, ADC, ADPF (com efeitos *erga omnes* e vinculantes), do trânsito em julgado das novas decisões do órgão Pleno (ou de outros que, por normas regimentais, tenham efeitos equivalentes no tocante à consolidação) do STF (com efeitos entre as partes e não vinculantes), da publicação da Súmula Vinculante (com efeitos *erga omnes* e vinculantes) ou da Súmula Não Vinculante (com efeitos erga omnes e não vinculantes) representam o marco para o início de vigência da nova realidade normativa decorrente da atual interpretação consolidada (efeito *ex nunc*).

## III. A CONSOLIDAÇÃO DA JURISPRUDÊNCIA DO STF E OS PRAZOS PARA REPETIR O INDÉBITO E PARA CONSTITUIR O CRÉDITO TRIBUTÁRIO

A questão a ser enfrentada neste ponto é a de se determinar que influência tem a consolidação da jurisprudência do STF em certa matéria tributária sobre a contagem do prazo prescricional para repetir o indébito ou do prazo decadencial para constituir o crédito tributário (realizar o lançamento).

Independentemente de o fenômeno da consolidação da jurisprudência do STF poder se apresentar com diferentes graus de eficácia – *máxima, moderada* ou *reduzida* –, conforme antes demonstrado, parece correto afirmar que tal fenômeno ***não determina*** o termo inicial do prazo de prescrição referente à ação de repetição de indébito tributário, nem o termo inicial do prazo de decadência referente à realização do lançamento.

Convém observar que o Código Tributário Nacional (CTN) é taxativo quando dispõe, em seu art. 168, que o prazo para pleitear a restituição extingue-se (prescreve) em 5 (cinco) anos e que tal prazo deve ser contado[20] da data (i) da extinção do crédito tributário, nos casos dos incisos I e II do artigo 165, ou (ii) em que se tornar definitiva a decisão administrativa ou passar em julgado a decisão judicial que tenha reformado, anulado, revogado ou rescindido a decisão condenatória, na hipótese do inciso III do artigo 165.

Atesta-se, portanto, que a primeira consolidação da jurisprudência do STF não determina o termo inicial para o prazo prescricional relativo à repetição do indébito tributário. O direito à repetição do indébito tributário surge com a realização do pagamento indevido e não a partir do momento em que ocorre a consolidação da jurisprudência acerca da inconstitucionalidade de uma

20 O CTN dispõe sobre a forma de contagem desses prazos: "Art. 210. Os prazos fixados nesta Lei ou legislação tributária serão contínuos, excluindo-se na sua contagem o dia de início e incluindo-se o de vencimento."

norma tributária ou da inexistência de certa obrigação tributária. Esse entendimento, após uma fase inicial de divergência, restou bem assentado pelo Superior Tribunal de Justiça (STJ), por meio de sua Primeira Seção, no julgamento do EREsp 508882/RS,[21] cuja ementa é a seguinte:

> EMBARGOS DE DIVERGÊNCIA - RECURSO ESPECIAL - RESTITUIÇÃO/ COMPENSAÇÃO - TRIBUTO DECLARADO INCONSTITUCIONAL PELO SUPREMO TRIBUNAL FEDERAL. LANÇAMENTO POR HOMOLOGAÇÃO - PRESCRIÇÃO - CINCO ANOS DO FATO GERADOR MAIS CINCO ANOS DA HOMOLOGAÇÃO TÁCITA - NÃO-APLICAÇÃO DO ART. 3º DA LC Nº 108/2005 ÀS AÇÕES AJUIZADAS ANTERIORMENTE AO INÍCIO DA VIGÊNCIA DA MENCIONADA LEI COMPLEMENTAR - ENTENDIMENTO DA COLENDA PRIMEIRA SEÇÃO. **A egrégia Primeira Seção deste colendo Superior Tribunal de Justiça na assentada de 24 de março de 2004, houve por bem afastar, por maioria, a tese de ser o termo inicial, para fluência do interregno prescricional, a data da declaração de inconstitucionalidade do tributo**, adotando o entendimento segundo o qual, para as hipóteses de devolução de tributos sujeitos à homologação declarados inconstitucionais pelo Supremo Tribunal Federal, a prescrição do direito de pleitear a restituição se dá após expirado o prazo de cinco anos, contados do fato gerador, acrescido de mais cinco anos,a partir da homologação tácita (EREsp 435.835/SC, Rel. p/ acórdão Min. José Delgado - cf. Informativo de Jurisprudência do STJ 203, de 22 a 26 de março de 2004). Saliente-se, outrossim, que é inaplicável à espécie a previsão do artigo 3º da Lei Complementar nº 118, de 9 de fevereiro de 2005, uma vez que a douta Seção de Direito Público deste Sodalício, na sessão de 27.4.2005, sedimentou o posicionamento segundo o qual o mencionado dispositivo legal se aplica apenas às ações ajuizadas posteriormente ao prazo de cento e vinte dias (*vacatio legis*) da publicação da referida Lei Complementar (EREsp 327.043/DF, Rel. Min. João Otávio de Noronha). Dessarte, na hipótese em exame, em que a ação foi ajuizada anteriormente ao início da vigência da LC nº 118/2005, aplica-se o prazo prescricional de cinco anos, contados do fato gerador,acrescido de mais cinco anos, a partir da homologação tácita.Embargos de divergência providos.[22] (grifo nosso)

---

21 EREsp 508882 / RS; Relator Ministro HUMBERTO MARTINS; julgado em 09/08/2006; DJ 28.08.2006.

22 Esse mesmo entendimento vem sendo reiterado pelas Primeira e Segunda Turmas do STJ. A título de exemplo: AgRg no REsp 1131971/RJ, Primeira Turma, julgado em 05/04/2011, DJe 11/04/2011; REsp 968949/SP, Segunda Turma, Julgado em 17/02/2011, DJe 10/03/2011.

Da mesma forma, a primeira consolidação da jurisprudência do STF acerca da constitucionalidade de uma norma tributária ou da existência de certa obrigação tributária não determina o termo inicial para o prazo decadencial relativo à constituição do crédito tributário.

O CTN, em seus artigos 150 e 173, dispõe acerca desse prazo:

a) quando for caso de tributo sujeito a lançamento por homologação, com algum valor pago e sem a ocorrência de dolo, fraude ou simulação, o termo inicial da realização do lançamento de ofício (referente à diferença a ser paga) é a data da ocorrência do respectivo fato gerador concreto (art. 150, §4º);

b) nas demais hipóteses, salvo a hipótese especial do inciso II do art. 173, o termo inicial da realização do lançamento de ofício (referente à diferença a ser paga ou a todo valor devido) é a do primeiro dia do exercício seguinte àquele em que o lançamento poderia ter sido efetuado, ou seja, é o dia primeiro de janeiro do ano subsequente ao da realização do respectivo fato gerador concreto (art. 173, I).

Ressalta-se que até mesmo a suspensão da exigibilidade do crédito tributário não interfere com o início da contagem do prazo decadencial para a realização do lançamento.

Esse entendimento apresentado sobre a determinação do termo inicial do prazo decadencial foi devidamente firmado pela Primeira Seção do STJ, como se verifica adiante:

> TRIBUTÁRIO. EMBARGOS DE DIVERGÊNCIA. LANÇAMENTO POR HOMOLOGAÇÃO. DECADÊNCIA. PRAZO QÜINQÜENAL. MANDADO DE SEGURANÇA. MEDIDA LIMINAR. SUSPENSÃO DO PRAZO. IMPOSSIBILIDADE.
> 1. **Nas exações cujo lançamento se faz por homologação, havendo pagamento antecipado, conta-se o prazo decadencial a partir da ocorrência do fato gerador (art. 150, § 4º, do CTN), que é de cinco anos**. 2. **Somente quando não há pagamento antecipado, ou há prova defraude, dolo ou simulação é que se aplica o disposto no art. 173, I, do CTN**. 3. **A suspensão da exigibilidade do crédito tributário na via judicial impede o Fisco de praticar qualquer ato contra o contribuinte visando à cobrança de seu crédito,** tais como inscrição em dívida, execução e penhora, **mas não impossibilita a Fazenda de proceder à regular constituição do crédito tributário para prevenir a**

> **decadência do direito de lançar.** 4. Embargos de divergência providos. (grifo nosso) [23]

Uma importante observação precisa ser feita: se, por um lado, é certo que a consolidação da jurisprudência do STF ***não determina*** o termo inicial do prazo prescricional ou decadencial, é igualmente certo firmar que tal consolidação da jurisprudência ***informa***, ainda que indiretamente, esses mesmos prazos.

Como demonstrado anteriormente, essa consolidação da jurisprudência pode se apresentar com uma eficácia máxima, moderada ou reduzida. No caso da eficácia máxima, por força do efeito *erga omnes* e vinculante, haverá uma certeza com relação à interpretação a ser adotada no que tange à constitucionalidade da norma tributária.

Desse modo, se alguém realiza um pagamento após a (primeira) consolidação da jurisprudência com eficácia máxima no sentido da inconstitucionalidade da norma tributária, surge, com máximo grau de certeza, o direito de ter de volta esse valor indevidamente pago por força daquela norma inconstitucional.

É preciso lembrar que *informar o prazo* não pode ser confundido com *servir de termo inicial do prazo*. O *termo inicial* do prazo prescricional é fixado pelo ordenamento vigente (art. 168 do CTN) e depende da caraterização de um pagamento como sendo indevido. Asseverar que a ***consolidação da jurisprudência com eficácia máxima informa o prazo prescricional*** significa dizer que essa consolidação, ao conferir uma certeza quanto à inconstitucionalidade da norma, permite concluir, com igual grau de certeza, que um pagamento feito por força do disposto nesta norma é indevido desde o momento da sua realização. Este é momento que determina o início do prazo prescricional para a propositura da ação de repetição do indébito tributário.

---

23 Igual entendimento tem sido reiterado pelas Primeira e Segunda Turmas do STJ. A título de exemplo: REsp 1176970/SC, Segunda Turma, julgado em 11/10/2011, DJe 18/10/2011; REsp 1129450/SP, Segunda Turma, Julgado em 17/02/2011, DJe 28/02/2011; AgRg no REsp 1183538/RJ, Primeira Turma, Julgado em 17/08/2010, DJe 24/08/2010.

O mesmo raciocínio pode ser construído com relação ao prazo de decadência para a realização do lançamento. A consolidação da jurisprudência com eficácia máxima no sentido da constitucionalidade da norma tributária permite afirmar que, ante a incidência da norma tributária sobre determinado fato (tornando-o fato jurídico tributário ou fato gerador concreto), o efeito jurídico é certo: nasce a obrigação tributária. Por consequência, a convicção desse nascimento da obrigação tributária ***informa***, com igual grau de certeza, o prazo de decadência para a realização do lançamento.

Importa lembrar que *informar o prazo* não pode ser confundido com *servir de termo inicial do prazo*. O *termo inicial* do prazo decadencial é fixado pelo ordenamento vigente (art. 150 c/c art. 173 do CTN) e depende do momento da ocorrência do fato jurídico tributário ou do surgimento da obrigação tributária. Asseverar que a ***consolidação da jurisprudência com eficácia máxima informa o prazo decadencial*** significa dizer que essa consolidação, ao conferir uma certeza quanto ao que dispõe a norma tributária vigente, permite concluir quando uma norma tributária incide sobre um determinado fato, o que confere equivalente grau de certeza quanto ao efetivo momento do nascimento de determinada obrigação tributária. Eis a razão pela qual a *consolidação da jurisprudência com eficácia máxima* é relevante para ***informar*** o termo inicial do prazo decadencial para realizar o lançamento.

A situação é diversa quanto às situações de consolidação da jurisprudência que se apresentarem com uma eficácia moderada ou reduzida. Estas, por não terem efeitos *erga omnes* e vinculantes, não conferem o mesmo grau de certeza quanto à constitucionalidade da norma tributária, nem quanto à existência de obrigação tributária, o que permite considerar que, informam os citados prazos prescricional e decadencial apenas de maneira moderada ou reduzida.

Ante o exposto, pode-se concluir que:

a) a consolidação da jurisprudência do STF no sentido da constitucionalidade ou não (controle concentrado) de certa norma tributária ***não determina*** o termo inicial do prazo de prescrição referente à ação de repetição de indébito, nem o termo inicial do prazo de decadência referente à realização do lançamento (constituição do crédito tributário);

b) a consolidação da jurisprudência do STF com eficácia máxima no sentido da inconstitucionalidade da norma tributária ***informa*** o termo inicial do prazo prescricional para a propositura da ação de repetição do indébito tributário;

c) a consolidação da jurisprudência do STF com eficácia máxima no sentido da constitucionalidade da norma tributária ***informa*** o termo inicial do prazo decadencial para realizar o lançamento;

d) a consolidação da jurisprudência do STF com eficácia moderada ou reduzida ***informa*** o termo inicial do prazo prescricional para a propositura da ação de repetição do indébito tributário e o termo inicial do prazo decadencial para realizar o lançamento apenas de maneira moderada ou reduzida.

## IV. A MUTAÇÃO JURÍDICA NO CONTROLE CONCENTRADO DE CONSTITUCIONALIDADE E OS PRAZOS PARA REPETIR O INDÉBITO E PARA CONSTITUIR O CRÉDITO TRIBUTÁRIO

A partir do que foi desenvolvido anteriormente, especialmente no item II.2, é possível apreciar duas questões que envolvem os temas do prazo prescricional para repetir o indébito tributário e do prazo decadencial para constituir o crédito tributário, quando houver mutação constitucional no âmbito do controle concentrado de constitucionalidade.

**A primeira questão**: a consolidação de nova jurisprudência do STF, em controle concentrado, no sentido da inconstitucionalidade de certa norma tributária, deve informar o termo inicial do prazo de prescrição referente à ação de repetição de indébito tributário, quando houver, previamente, entendimento consolidado (em decisão com efeitos *erga omnes* e vinculantes) do próprio STF em sentido oposto?

Preliminarmente, cabe dizer que parece razoável admitir a possibilidade de o STF passar a considerar inconstitucional norma tributária que já havia considerado constitucional em anterior controle concentrado, desde que estejam presentes razões suficientes que justifiquem essa relevante mutação jurídica (mutação constitucional), tais como, a ocorrência de transformações da realidade (físicas, ambientais, tecnológicas etc.) ou mesmo de valores sociais, morais, econômicos e culturais predominantes. Essas transformações passam a informar uma nova interpretação e, por consequência, a construção de um sistema normativo com uma nova configuração.[24]

Neste caso, deve-se, excepcionalmente, atribuir à atual decisão contida em ADI, ADC, ADPF ou súmula vinculante efeitos *ex nunc*, de modo que somente os fatos ocorridos após o trânsito em julgado do respectivo acórdão ou após a publicação da súmula vinculante deixarão de sofrer a incidência da norma tributária (que até então era considerada constitucional) e, assim, não mais provocarão o nascimento da obrigação tributária. Eis o efeito típico do princípio da irretroatividade: fazer com que somente os fatos posteriores à nova realidade normativa sejam por ela afetados.

Para responder a questão formulada, é imperioso diferençar duas situações. Por um lado, pode-se dizer que os tributos pagos em função da incidência da norma tributária sobre fatos ocorridos durante o período em que a mesma era considerada constitucional não podem ser repetidos, posto que tais tributos eram devidos, pelo que foram corretamente pagos. Por outro lado, os tributos pagos com relação a fatos ocorridos após a referida norma já ter sido considerada inconstitucional, poderão ser repetidos. Neste caso, o prazo prescricional referente à ação de repetição de indébito deve ser contado da realização do pagamento indevido (art. 168 do CTN), fato este já ***informado*** pela nova decisão com efeitos *erga omnes* e vinculante.

Por essa forma, compatibilizam-se duas situações inicialmente conflitantes. Privilegia-se a interpretação firmada na anterior decisão com efeitos *erga omnes* e vinculantes (contida em ADI, ADC, ADPF ou súmula vinculante) no sentido da existência de norma com fundamento constitucional de validade, em especial, com a preservação de seus efeitos vinculantes até o momento

24 Nesse mesmo sentido: ZAVASCKI, Teori Albino. Coisa julgada em matéria constitucional: eficácia das sentenças nas relações jurídicas de trato continuado. *In*: BELMONTE, Cláudio; MELGARÉ, Plínio (Cood.). *O Direito na sociedade contemporânea: estudos em homenagem ao Ministro José Néri da Silveira*. Rio de Janeiro: Forense, 2005, pp. 549-566. BARROSO, Luís Roberto. *O controle de constitucionalidade no direito brasileiro*. São Paulo: Saraiva, 2009, pp. 198-204. STRECK, Lenio Luiz. *Jurisdição constitucional e hermenêutica: uma nova crítica do direito*. Porto Alegre: Livraria do Advogado, 2004, pp. 565-569.

em que passou a prevalecer o contido na nova decisão tomada em controle concentrado de constitucionalidade.

Além disso, prestigia-se a nova interpretação firmada no julgamento em controle concentrado de constitucionalidade mais recente, reveladora da norma que deve ser seguida (efeito vinculante) daqui para frente (efeito *ex nunc*) por todos (*erga omnes*). Dessarte, possibilita-se a evolução interpretativa (mutação normativa, com a retirada da norma tributária até então existente) e evita-se o congelamento exegético, com a indesejável preservação de uma interpretação que se mostrou inviável do ponto de vista técnico ou social.

O STF já teve a oportunidade de firmar a possibilidade de norma considerada constitucional em controle concentrado, posteriormente, ser por ele considerada inconstitucional. Isso, *mutatis mutandis*, ocorreu quando foi apreciada a questão de ordem suscitada no julgamento das ADIs 2675 e 2777, as quais tratam do tema relativo à possibilidade de restituição quando, no regime de substituição tributária, o denominado fato gerador futuro se realiza com um valor menor do que o anteriormente arbitrado. Eis a notícia publicada no Informativo SFT nº 331, de 24 a 28/11/2003:

> Substituição Tributária e Restituição – 4
> Em seguida, no mesmo julgamento acima mencionado, em virtude da ponderação feita pelo Min. Presidente, no sentido de que os votos então proferidos contrariam a validade da norma declarada constitucional, com eficácia erga omnes e efeito vinculante, nos autos da ADI 1851/AL, submeteu-se ao Plenário nova questão de ordem sobre a admissibilidade, ou não, do julgamento das ações diretas em causa, haja vista a possibilidade de que seja dada nova interpretação ao mesmo tema pela Corte. **O Tribunal, embora salientando a necessidade de motivação idônea, crítica e consciente para justificar eventual reapreciação de uma questão já tratada pela Corte, concluiu no sentido de admitir o julgamento das ações diretas, por considerar que o efeito vinculante previsto no § 2º do art. 102 da CF não condiciona o próprio STF, limitando-se aos demais órgãos do Poder Judiciário e ao Poder Executivo, e que, no caso, ficou demonstrada a distinção entre os dispositivos impugnados nas presentes ações e a Cláusula Segunda do Convênio ICMS 13/97.** O Min. Sepúlveda Pertence também admitiu o julgamento das ações, mas exclusivamente em razão da distinção formal entre as normas impugnadas. Após, o julgamento foi adiado, em virtude do adiantado da hora (CF, art. 150, § 7º: "A lei poderá atribuir a sujeito passivo de obrigação tributária a condição de responsável pelo pagamento de imposto ou contribuição, cujo fato gerador

> deva ocorrer posteriormente, assegurada a imediata e preferencial restituição da quantia paga, caso não se realize o fato gerador presumido". (grifo nosso)

**A segunda questão**: a consolidação de nova jurisprudência do STF, em controle concentrado, no sentido da constitucionalidade de certa norma tributária, deve informar o termo inicial do prazo de decadência referente à realização do lançamento (constituição do crédito tributário) , quando houver, previamente, entendimento consolidado (em decisão com efeitos *erga omnes* e vinculantes) pelo próprio STF em sentido oposto?

Sobre essa questão, basicamente, dois distintos e conflitantes entendimentos poderiam ser apresentados:

a) seria admissível o reexame da constitucionalidade da norma, porém, especialmente em respeito ao princípio da irretroatividade das normas tributárias, dever-se-ia atribuir, excepcionalmente, à decisão contida no atual julgamento em controle concentrado efeitos *ex nunc* (a partir de agora), de modo que somente os fatos ocorridos após a publicação do acórdão relativo a essa nova decisão poderão sofrer a incidência da norma tributária (que até então era considerada inconstitucional) e, assim, provocar o nascimento da obrigação tributária;

b) seria incompatível com o sistema constitucional brasileiro o reexame da constitucionalidade da norma, à medida que o juízo de inconstitucionalidade contido na anterior decisão (tomada no âmbito de ADI, ADC, ADPF ou súmula vinculante) representou o reconhecimento, com efeitos *erga omnes* e vinculantes, de que, (i) ou no momento da produção da norma não foram atendidos os requisitos (formais ou materiais) exigidos pela correspondente norma constitucional de competência vigente à época, (ii) ou deixou de pertencer ao ordenamento jurídico por ter perdido seu fundamento constitucional de validade (inconstitucionalidade superveniente), sendo inadmissível no Brasil o fenômeno da constitucionalidade superveniente.

O entendimento esposado na letra "b" parece o mais consentâneo com a realidade constitucional brasileira. Vale aduzir que o Plenário do STF assentou a tese da inviabilidade do fenômeno da constitucionalidade superveniente no julgamento da RE 390840/MG.[25] Eis a ementa desse julgado:

25 RE 390840/MG. Relator Min. Marco Aurélio, julgamento em 09/11/2005. Órgão Julgador:Tribunal Pleno. Publicação: DJ 15-08-2006 PP-25.

> **CONSTITUCIONALIDADE SUPERVENIENTE - ARTIGO 3º, § 1º, DA LEI Nº 9.718, DE 27 DE NOVEMBRO DE 1998 - EMENDA CONSTITUCIONAL Nº 20, DE 15 DE DEZEMBRO DE 1998. O sistema jurídico brasileiro não contempla a figura da constitucionalidade superveniente.** TRIBUTÁRIO - INSTITUTOS - EXPRESSÕES E VOCÁBULOS - SENTIDO. A norma pedagógica do artigo 110 do Código Tributário Nacional ressalta a impossibilidade de a lei tributária alterar a definição, o conteúdo e o alcance de consagrados institutos, conceitos e formas de direito privado utilizados expressa ou implicitamente. Sobrepõe-se ao aspecto formal o princípio da realidade, considerados os elementos tributários. CONTRIBUIÇÃO SOCIAL - PIS - RECEITA BRUTA - NOÇÃO - INCONSTITUCIONALIDADE DO § 1º DO ARTIGO 3º DA LEI Nº 9.718/98. A jurisprudência do Supremo, ante a redação do artigo 195 da Carta Federal anterior à Emenda Constitucional nº 20/98, consolidou-se no sentido de tomar as expressões receita bruta e faturamento como sinônimas, jungindo-as à venda de mercadorias, de serviços ou de mercadorias e serviços. É inconstitucional o § 1º do artigo 3º da Lei nº 9.718/98, no que ampliou o conceito de receita bruta para envolver a totalidade das receitas auferidas por pessoas jurídicas, independentemente da atividade por elas desenvolvida e da classificação contábil adotada. (grifo nosso)[26]

Portanto, em rigor, uma norma, quando considerada inconstitucional, ou nunca ingressou no ordenamento jurídico por não ter sido regularmente produzida (formal ou materialmente) ou deixou de pertencer ao ordenamento jurídico por ter perdido o seu fundamento constitucional de validade (inconstitucionalidade superveniente), fenômeno que possui semelhanças com o de uma revogação. É por essa razão que uma norma considerada inconstitucional pelo Supremo Tribunal Federal, no âmbito de ADI, ADC, ADPF ou súmula vinculante, portanto com efeitos erga omnes e vinculantes, não pode, posteriormente, ainda que pelo próprio Supremo Tribunal Federal, ser declarada constitucional.[27]

---

26 Sobre a inadmissibilidade de norma declarada inconstitucional em controle concentrado ser posteriormente considerada constitucional, ver, por todos, Luís Roberto Barroso, O controle de constitucionalidade no direito brasileiro, 2009, pp. 198-204.

27 O tema da constitucionalidade superveniente, recentemente, voltou a ser apreciado no Supremo Tribunal Federal e se sujeitará a exame por parte do plenário da corte (RE 592152 AgR; DJe-129, republicado em 29-06-2018).

## V. O CONTROLE CONCENTRADO DE CONSTITUCIONALIDADE E A EXISTÊNCIA DE COISA JULGADA TRIBUTÁRIA EM SENTIDO OPOSTO - REFLEXOS SOBRE OS PRAZOS PARA REPETIR O INDÉBITO E PARA CONSTITUIR O CRÉDITO TRIBUTÁRIO

Tendo em conta o que foi até agora demonstrado, é possível apreciar duas interessantes questões que envolvem o tema dos prazos prescricional e decadencial, quando estiverem em confronto, de um lado, os efeitos da consolidação da jurisprudência do STF revelada em decisão firmada em controle concentrado de constitucionalidade e, de outro, os efeitos da coisa julgada em matéria tributária.

**Primeira**: a consolidação de nova jurisprudência do STF, em controle concentrado, no sentido da inconstitucionalidade de certa norma tributária deve informar o termo inicial do prazo de prescrição referente à ação de repetição de indébito tributário, quando houver, previamente, coisa julgada soberanamente[28] em sentido oposto?

**Segunda**: a consolidação de nova jurisprudência do STF, em controle concentrado, no sentido da constitucionalidade de certa norma tributária deve informar o termo inicial do prazo de decadência referente à realização do lançamento (constituição do crédito tributário), quando houver, previamente, coisa julgada soberanamente em sentido oposto?

Essas questões podem ser adequadamente apreciadas sem que seja necessário ingressar no embate referente à controvertida tese da relativização da coisa julgada.[29]

---

28 A expressão soberanamente é usada para indicar que não mais cabe ação rescisória em função de já ter sido consumado o prazo decadencial de dois anos previsto no CPC.

29 Esse tema tem suscitado inúmeros debates e posto em lados opostos juristas de escol. Defendem a tese da relativização da coisa julgada, entre outros: DINAMARCO, Cândido Rangel. Relativizar a coisa julgada material. *Revista da Ajuris*, v. 27, nº 83, pp. 33-65, set. 2001; DELGADO, José Augusto. Efeitos da coisa julgada e princípios constitucionais. *In Coisa Julgada Tributária*. São Paulo: MP Editora, 2005, pp. 235-270. Criticam essa tese, entre outros: MOREIRA, José Carlos Barbosa. Considerações sobre a chamada "relativização" da coisa julgada material. *Revista Dialética de Direito Processual*, nº 22, pp. 91-111, jan. 2005. NERY JUNIOR, Nelson. Coisa julgada e o estado democrático de direito. *Revista Forense*, v. 100, nº 375, pp. 141-159, set./out. 2004.

Para tanto, convém, antes de responder essas questões, rever algumas relevantes noções já assentadas:

a) as normas tributárias descrevem, em seu antecedente (ou hipótese), uma situação de fato de possível ocorrência e prescrevem, em seu consequente, a regulação de uma conduta entre um sujeito passivo (contribuinte) e um sujeito ativo, segundo a qual aquele é obrigado a entregar (em regra) certa quantia de dinheiro a este. Quando uma mesma pessoa (física ou jurídica) realiza concretamente situações que correspondem àquelas descritas no antecedente de certa norma tributária, surgem os denominados fatos jurídicos tributários, que têm em comum a qualidade de possuírem os elementos característicos informados pelo antecedente de tal norma tributária. A partir da incidência dessa norma sobre cada um desses fatos jurídicos, surgem as correspondentes relações jurídicas tributárias (obrigações tributárias), as quais se sucedem no tempo e têm em comum a qualidade de possuírem os elementos característicos informados pelo consequente dessa mesma norma tributária. A essas relações jurídicas tributárias que se sucedem e que possuem tais elementos comuns é que se denomina de *relações continuativas tributárias.*;

b) *relações continuativas tributárias* são as atinentes a certo contribuinte, as quais se sucedem no tempo, e têm em comum a qualidade de possuírem os elementos característicos informados pelo consequente de uma mesma norma tributária, e que decorrem da incidência dessa norma tributária sobre certos fatos (fatos jurídicos tributários ou fatos geradores concretos), os quais têm em comum a qualidade de possuírem os elementos característicos informados pelo antecedente dessa norma tributária;

c) coisa julgada (material) é a qualidade do comando contido em uma sentença de mérito de ser imutável e indiscutível, por não mais estar sujeita a recurso, ordinário ou extraordinário, nem ao duplo grau de jurisdição obrigatório;

d) o comando contido em sentença referente à relação jurídica continuativa é tão indiscutível e imutável como o contido em qualquer outra sentença de mérito, o que se modifica não é a sentença, mas a relação jurídica material sobre a qual a força da sentença tem de atuar;

e) tratando-se de relação jurídica continuativa, não há vedação de decidir novamente as questões já decididas, de uma mesma lide, decorrente da coisa julgada ou da preclusão, desde que ocorra modificação no estado de fato ou de direito;

f) o que vai determinar a extensão da coisa julgada tributária será a lide discutida no processo, pelo que a sentença pode ficar limitada a um exercício ou a um lançamento, como pode se estender às futuras relações continuativas tributárias mantidas entre certo contribuinte e a Fazenda Pública;

g) *mutação normativa* ou *jurídica* é o fenômeno representativo daquelas situações em que se perfaz uma transformação informal do sistema jurídico, pois, sem que tenha ocorrido qualquer mudança no texto jurídico (constitucional ou infraconstitucional), o qual mantém a mesma fórmula linguística, por força de transformações da realidade (físicas, ambientais, tecnológicas etc.) ou mesmo de valores sociais, morais, econômicos e culturais predominantes, constrói-se uma nova interpretação, que difere daquela que até então era tradicionalmente desenvolvida, em especial, pelo Poder Judiciário;

h) a interpretação que prevalece juridicamente é a construída pelo Poder Judiciário, a mudança de entendimento, de interpretação de um mesmo texto levada a termo pelos órgãos judicantes em decisões com efeitos *erga omnes* e vinculantes significa, em suma, a mudança do próprio Direito;

i) o STF tem a competência de ser o último intérprete do ordenamento, pois a ele cabe decidir se uma determinada disposição legal afronta a Constituição ou se há necessidade de atribuir a tal disposição um certo sentido que esteja em conformidade com o que prescreve a Constituição (interpretação conforme a Constituição);

j) as interpretações reveladas nas decisões judiciais tomadas na ação direta de inconstitucionalidade (ADI), na ação declaratória de constitucionalidade (ADC), na arguição de descumprimento de preceito fundamental (ADPF) e cristalizada em uma súmula vinculante possuem certas qualidades especiais: a) seus efeitos, em regra, retroagem à data da produção do texto jurídico, pelo que se a lei (a norma legal) é considerada constitucional ou inconstitucional, isso significa dizer que ela sempre foi assim, desde a sua produção; o que faz a decisão é reconhecer e declarar tal conclusão (fala-se em efeito *ex tunc*); b) seus efeitos afetam todos, sejam pessoas físicas ou jurídicas, públicas ou privadas, tal qual uma *lei* que afeta todos (fala-se em efeito *erga omnes*); e c) seus efeitos vinculam a atuação de todos os órgãos habilitados a produzir norma (em especial, a atuação daqueles que aplicam a norma legal nos casos concretos, sejam integrantes do Poder Executivo, do Poder Judiciário ou mesmo do Poder Legislativo), os quais têm o dever jurídico de seguir a mesma interpretação adotada pela Suprema Corte (fala-se em efeito vinculante).

k) por respeito aos princípios da certeza do direito, da previsibilidade jurídica e da irretroatividade, todos corolários do valor Segurança Jurídica, parece certo conceber que, na hipótese de o STF adotar uma nova interpretação em sentido diverso da que havia adotado no julgamento de uma ADI, ADC, ADPF ou cristalizado em uma súmula vinculante, aquela nova interpretação por ele adotada somente deverá prevalecer sobre os fatos ocorridos após o trânsito em julgado da nova decisão contida no acórdão ou a publicação da súmula vinculante, tal como acontece com a publicação de uma nova lei, que provoca uma alteração no ordenamento jurídico;

l) a interpretação judicial que for adotada no julgamento de uma ADI, ADC, ADPF ou cristalizada em súmula vinculante representa uma consolidação da jurisprudência com eficácia máxima.

Considerando essas noções construídas ao longo do trabalho, é possível apresentar uma coerente resposta às duas questões formuladas.

Quanto à primeira[30] e segunda questões,[31] parece adequado firmar que a consolidação de nova jurisprudência do STF, em controle concentrado (p. ex., no julgamento de uma ADI), no sentido da inconstitucionalidade ou da constitucionalidade de certa norma tributária informa, respectivamente, tanto o termo inicial do prazo de prescrição referente à ação de repetição de indébito tributário, quanto o termo inicial do prazo de decadência referente à realização do lançamento, quando houver, previamente, coisa julgada em sentido oposto.

30 Primeira questão: a consolidação de nova jurisprudência do STF, em controle concentrado, no sentido da inconstitucionalidade de certa norma tributária deve informar o termo inicial do prazo de prescrição referente à ação de repetição de indébito tributário, quando houver, previamente, coisa julgada soberanamente em sentido oposto?

31 Segunda questão: a consolidação de nova jurisprudência do STF, em controle concentrado, no sentido da constitucionalidade de certa norma tributária deve informar o termo inicial do prazo de decadência referente à realização do lançamento (constituição do crédito tributário), quando houver, previamente, coisa julgada soberanamente em sentido oposto?

Essa resposta não representa o perfilhamento de qualquer das correntes concernentes à relativização da coisa julgada, pois o fenômeno aqui tratado é diverso. O que se objetiva é resolver, com base nos valores objetivados no sistema brasileiro, em especial no constitucional, esse aparente conflito entre a norma concreta e individual contida na coisa julgada (soberanamente) em matéria tributária, de um lado, e a norma abstrata e geral contida na decisão em controle concentrado de constitucionalidade, de outro lado, o que poderia parecer, numa interpretação mais açodada, que se estaria diante de uma *coisa julgada inconstitucional*.

Sobre o que acabou de se afirmar, dois destaques devem ser feitos.

Em primeiro lugar, o uso da expressão *coisa julgada inconstitucional* sugere uma situação contraditória. Como a coisa julgada é protegida pela Constituição e ao mesmo tempo pode ser contrária à Constituição?

Ora, normalmente, os autores que fazem uso da expressão *coisa julgada inconstitucional* referem-se não à coisa julgada, mas ao conteúdo da decisão qualificada pela coisa julgada, o qual pode estar em dissonância com a Constituição. Essa situação foi destacada e esclarecida com agudeza por Barbosa Moreira:[32]

> Soa também inexata a locução "coisa julgada inconstitucional". Como quer que se conceba, no plano teórico, a substância da coisa julgada material, é pacífico que ela se caracteriza essencialmente pela imutabilidade – pouco importando aqui as notórias divergências acerca daquilo que se torna imutável: o conteúdo da sentença, ou os respectivos efeitos, ou aquela e estes. Pois bem: se "inconstitucional" significa "incompatível com a Constituição" (e que mais poderia significar?), não parece que se descreva de modo adequado o fenômeno que se tem em vista atribuindo à coisa julgada a qualificação de "inconstitucional". Salvo engano, **o que se concebe seja incompatível com a Constituição é a sentença (lato sensu): nela própria, e não na sua imutabilidade (ou na de seus efeitos, ou na de uma e outros), é que se poderá descobrir contrariedade a alguma norma constitucional**. Se a sentença for contrária à Constituição, já o será antes mesmo de transitar em julgado, e não o será mais do que era depois desse momento. Dir-se-á que, com a coisa julgada material, a inconstitucionalidade se cristaliza, adquire estabilidade; mas continuará a ser verdade que o defeito lhe preexistia, não dependia dela para exsurgir. (grifo nosso)

32 MOREIRA, José Carlos Barbosa. *idem*, p. 91.

Em segundo lugar, fala-se em *aparente conflito* em função de ser possível compatibilizar os comandos contidos nas duas normas, ambos com sustentação na Constituição.

Nesse contexto, no caminho da compatibilização e ponderação dos diferentes valores constitucionais em jogo, o seguinte raciocínio pode ser construído:

i) se as decisões judiciais tomadas em controle concentrado, em regra, retroagem à data da produção do texto jurídico (efeito *ex tunc*);

ii) se os seus efeitos afetam todos, sejam pessoas físicas ou jurídicas, públicas ou privadas, tal qual uma lei que afeta a todos (efeito *erga omnes*);

iii) se os seus efeitos vinculam a atuação de todos os órgãos habilitados a produzir norma (em especial, a atuação daqueles que aplicam a norma legal nos casos concretos, sejam integrantes do Poder Executivo, do Poder Judiciário ou mesmo do Poder Legislativo), os quais têm o dever jurídico de seguir a mesma interpretação adotada pela Suprema Corte (fala-se em efeito vinculante)

iv) se for caso de relação jurídica continuativa, não há vedação de se reapreciar as questões já decididas referente a uma certa lide, ainda que qualificadas pela coisa julgada soberanamente, desde que sobrevenha modificação no estado de fato ou de direito;

Pode-se conclui que:

v) a decisão firmada em controle concentrado há que ser concebida como "direito novo", tal qual fosse nova norma veiculada por uma lei, pelo que deverá ser aplicada com efeitos *ex tunc*, *erga omnes* e vinculante, salvo para aqueles que tiverem coisa julgada soberanamente a seu favor, para quem, em função da necessária preservação dos efeitos dessa coisa julgada, a decisão firmada em controle concentrado deverá ser aplicada com efeitos *ex nunc*, isto é, somente aos fatos ocorridos a partir do trânsito em julgado da decisão firmada em controle concentrado.

Convém ressaltar que, mediante a argumentação antes esposada, afasta-se a situação ofensiva aos princípios da igualdade (art. 5º, I, e art. 150 da CRFB), da capacidade contributiva objetiva e subjetiva (art. 145, §1º, da CRFB) e da livre concorrência (art. 170 da CRFB) de apenas alguns contribuintes serem beneficiados ou prejudicados em função de existir quanto a eles coisa julgada ou soberanamente julgada em sentido diverso daquele posteriormente assentado em sede de controle concentrado de constitucionalidade. Assim, todos os fatos ocorridos a partir do trânsito em julgado da nova decisão firmada em controle concentrado de constitucionalidade, realizados por quem quer que seja (efeito *erga omnes*), obrigatoriamente (efeito vinculante), estarão submetidos ao mesmo regime jurídico.

## VI. O CONTROLE DIFUSO DE CONSTITUCIONALIDADE E A EXISTÊNCIA DE COISA JULGADA TRIBUTÁRIA EM SENTIDO OPOSTO – REFLEXOS SOBRE OS PRAZOS PARA REPETIR O INDÉBITO E PARA CONSTITUIR O CRÉDITO TRIBUTÁRIO

De modo semelhante ao que ocorreu no item anterior, também sobre esse ponto, duas relevantes questões podem ser formuladas:

**Primeira**: uma decisão firmada pelo STF, em controle difuso, no sentido da inconstitucionalidade de certa norma tributária deve informar o termo inicial do prazo de prescrição referente à ação de repetição de indébito tributário, quando houver, previamente, coisa julgada soberanamente em sentido oposto?

**Segunda**: uma decisão firmada pelo STF, em controle difuso, no sentido da constitucionalidade de certa norma tributária deve informar o termo inicial do prazo de decadência referente à realização do lançamento (constituição do crédito tributário), quando houver, previamente, coisa julgada soberanamente em sentido oposto?

Conforme demonstrado anteriormente (item II.2), essas decisões proferidas em controle difuso não possuem efeitos vinculantes, pelo que não podem representar "direito novo". Portanto, não há a obrigação de os demais órgãos do Poder Judiciário e da administração pública direta e indireta, nas esferas federal, estadual e municipal seguirem a mesma interpretação, ainda que consolidada em grau moderado ou reduzido.

Por essa razão, um juiz ou um administrador não pode adotar a interpretação consubstanciada em decisões proferidas em controle difuso, na hipótese de existir, em sentido diverso, decisão qualificada pela coisa soberanamente julgada, sob pena de enfraquecer excessiva e desarrazoadamente o sistema de constitucional de proteção à coisa julgada, inclusive a coisa julgada em matéria tributária.

Há uma clara distinção entre o sistema de controle concentrado e o sistema de controle difuso de constitucionalidade. O sistema de controle concentrado de constitucionalidade possui efeitos *erga omnes* e vinculantes. Por sua vez, o controle difuso de constitucionalidade possui efeitos somente entre as partes do processo e vinculam somente essas partes. Salienta-se que, mesmo nos casos de decisão com repercussão geral, essas características do controle difuso ainda permanecem.

Insta observar que o STF, em sua composição plenária, já assentou o entendimento de que o decidido em processo subjetivo (recurso extraordinário), ainda que submetido à sistemática da repercussão geral (conforme art. 543-B do CPC), somente vincula as partes envolvidas no processo, não possuindo pois efeitos vinculantes para todos (*erga omnes*). Esse entendimento do STF é bem exemplificado na decisão unânime tomada no Agravo Regimental na Reclamação 14638, cuja ementa é a seguinte:

> Agravo regimental em reclamação. Paradigma extraído de processo de caráter subjetivo. Eficácia vinculante restrita às partes nele relacionadas. Precedentes. Ilegitimidade ativa configurada. Reclamação utilizada como atalho processual. Submissão da controvérsia ao exame direto do Supremo Tribunal Federal. Inadmissibilidade. Precedente. Agravo regimental a que se nega provimento.
> 1. Por atribuição constitucional, presta-se a reclamação para preservar a competência da Corte e garantir a autoridade de suas decisões (art. 102, inciso I, alínea l, CF/88), bem como para resguardar a correta aplicação das súmulas vinculantes (art. 103-A, § 3º, CF/88).
> 2. O reclamante não figura na relação processual do paradigma apontado, o qual é de índole subjetiva, revestindo-se de eficácia vinculante restrita somente às partes nele relacionadas.
> 3. O reconhecimento da repercussão geral tem por precisa consequência esgotar a cognição nesta Corte e recomendar todos os processos, principais ou acessórios, à respectiva origem, a fim de aguardarem pronunciamento definitivo sobre o processo-paradigma no STF, após o que competirá à Corte de origem proceder ao que dispõe o § 3º do art. 543-B do CPC.
> 4. Reclamação constitucional usada como sucedâneo de recurso colocado à disposição da parte para se insurgir contra decisão da Corte de origem, com o intuito de confrontar a decisão proferida no caso concreto e o entendimento firmado no STF em sede de repercussão geral e, caso existente matéria nova, fazer subir a discussão da matéria à Suprema Corte.
> 5. O uso da reclamação constitucional como sucedâneo recursal é vedado pela Corte, conforme reiterada jurisprudência: Rcl nº 11.022-DF-ED, Tribunal Pleno, Relatora a Ministra Cármen Lúcia, DJe de 7/4/11; Rcl nº 4.803/SP, Tribunal Pleno, de minha relatoria, DJe de 22/10/10; Rcl nº 9.127/RJ-AgR, Relator Ministro Ayres Britto, Tribunal Pleno, DJe de 20/8/10; e Rcl nº 6.078/SC-AgR, Relator o Ministro Joaquim Barbosa, Tribunal Pleno, DJe de 30/4/10, entre outros.

> 6. Agravo regimental a que se nega provimento. (grifo nosso)[33]

Cabe ressaltar que, acaso venha prevalecer, no Supremo Tribunal Federal, o entendimento de que as decisões proferidas em controle difuso de constitucionalidade quando submetidas à sistemática da repercussão geral tem os mesmos efeitos das decisões proferidas em controle concentrado de constitucionalidade (ADI, ADC e ADPF), quais sejam, **efeitos vinculantes para todas as pessoas**, públicas (inclusive órgãos do Executivo e do Legislativo) ou privadas, estender-se-á para tais situações de controle difuso as mesmas conclusões apresentadas no item anterior deste trabalho (item V).

## VII. CONTROLES CONCENTRADO E DIFUSO DE CONSTITUCIONALIDADE, COISA JULGADA TRIBUTÁRIA E A CONTROVÉRSIA INTRODUZIDA PELO PARECER PGFN/CRJ/Nº 492/2011

A partir do raciocínio até aqui desenvolvido, parece oportuno apreciar o entendimento consubstanciado no Parecer PGFN/CRJ/Nº 492/2011, aprovado em 30 de março de 2011, pela Procuradora-Geral da Fazenda Nacional, e também aprovado pelo Ministro da Fazenda, conforme despacho publicado no DOU de 26/05/2011. É conveniente transcrever, na sua integralidade, a parte conclusiva desse parecer, intitulada "Síntese do exposto":

> V
>
> Síntese do exposto
>
> 99. Eis a síntese das principais considerações/conclusões expostas ao longo do presente Parecer:
>
> (i) a alteração nos suportes fático ou jurídico existentes ao tempo da prolação de decisão judicial voltada à disciplina de relações jurídicas tributárias continuativas faz cessar, dali para frente, a eficácia vinculante dela emergente em razão do seu trânsito em julgado;

33 Recl 14638 AgR/RJ. Relator Min. Dias Toffoli, julgamento em 19.09.2013. Órgão Julgador: Tribunal Pleno. Publicação: DJe-226 - DIVULG 14.11.2013 - PUBLIC 18.11.2013.

(ii) possuem força para, com o seu advento, impactar ou alterar o sistema jurídico vigente,, precisamente por serem dotados dos atributos da definitividade e objetividade, os seguintes precedentes do STF: (i) todos os formados em controle concentrado de constitucionalidade, independentemente da época em que prolatados; (ii) quando posteriores a 3 de maio de 2007, aqueles formados em sede de controle difuso de constitucionalidade, seguidos, ou não, de Resolução Senatorial, desde que, nesse último caso, tenham resultado de julgamento realizado nos moldes do art. 543-B do CPC; (iii) quando anteriores a 3 de maio de 2007, aqueles formados em sede de controle difuso de constitucionalidade, seguidos, ou não, de Resolução Senatorial, desde que, nesse último caso, tenham sido oriundos do Plenário do STF e sejam confirmados em julgados posteriores da Suprema Corte.

(iii) o advento de precedente objetivo e definitivo do STF configura circunstância jurídica nova apta a fazer cessar a eficácia vinculante das anteriores decisões tributárias transitadas em julgado que lhe forem contrárias;

(iv) como a cessação da eficácia da decisão tributária transitada em julgado é automática, com o advento do precedente objetivo e definitivo do STF, quando no sentido da constitucionalidade da lei tributária, o Fisco retoma o direito de cobrar o tributo em relação aos fatos geradores ocorridos daí para frente, sem que, para tanto, necessite ajuizar ação judicial; por outro lado, com o advento do precedente objetivo e definitivo do STF, quando no sentido da inconstitucionalidade da lei tributária, o contribuinte-autor deixa de estar obrigado ao recolhimento do tributo, em relação aos fatos geradores praticados dali para frente, sem que, para tanto, necessite ajuizar ação judicial;

(v) em regra, o termo a quo para o exercício do direito conferido ao contribuinte-autor de deixar de pagar o tributo antes tido por constitucional pela coisa julgada, ou conferido ao Fisco de voltar a cobrar o tributo antes tido por inconstitucional pela coisa julgada, é a data do trânsito em julgado do acórdão proferido pelo STF. Excepciona-se essa regra, no que tange ao direito do Fisco de voltar a cobrar, naquelas específicas hipóteses em que a cessação da eficácia da decisão tributária transitada em julgado tenha ocorrido em momento anterior à publicação deste Parecer, e tenha havido inércia dos agentes fazendários quanto à cobrança; nessas hipóteses, o termo a quo do direito conferido ao Fisco de voltar a exigir, do contribuinte-autor, o tributo em questão, é a publicação do presente Parecer.

100. Feitas estas considerações, sugere-se a divulgação deste Parecer a todas as unidades da PGFN, bem como a todas as unidades da Secretaria da Receita Federal do Brasil (SRFB).

PROCURADORIA-GERAL DA FAZENDA NACIONAL, em 07 de fevereiro de 2011.

Sobre o entendimento consubstanciado no Parecer PGFN/CRJ/Nº 492/2011, pode-se dizer que, tendo em conta a argumentação desenvolvida neste trabalho, em parte se concorda e em parte se discorda das conclusões apresentadas.

O Parecer PGFN/CRJ/Nº 492/2011 quando assevera que "(ii) possuem força para, com o seu advento, impactar ou alterar o sistema jurídico vigente, precisamente por serem dotados dos atributos da definitividade e objetividade, os seguintes precedentes do STF: (i) todos os formados em controle concentrado de constitucionalidade, independentemente da época em que prolatados", a ponto de prevalecer sobre a coisa julgada e sobre a coisa soberanamente julgada, posiciona-se na mesma linha da argumentação antes desenvolvida (itens III e VI), apresentando-se de forma consonante com os mais elevados valores constitucionalmente objetivados. Dessarte, elimina-se a situação ofensiva aos princípios da igualdade (art. 5º, I, e art. 150 da CRFB), da capacidade contributiva objetiva e subjetiva (art. 145, §1º, da CRFB) e da livre concorrência (art. 170 da CRFB) de apenas alguns contribuintes serem beneficiados ou prejudicados em função de existir quanto a eles coisa julgada ou soberanamente julgada em sentido diverso daquele posteriormente assentado em sede de controle concentrado de constitucionalidade.

Por outro lado, a parte do Parecer PGFN/CRJ/Nº 492/2011 que merece específica discordância é revelada e sintetizada na seguinte passagem da "Síntese do exposto":

> (ii) possuem força para, com o seu advento, impactar ou alterar o sistema jurídico vigente, precisamente por serem dotados dos atributos da definitividade e objetividade, os seguintes precedentes do STF: [...] (ii) quando posteriores a 3 de maio de 2007, aqueles formados em sede de controle difuso de constitucionalidade, seguidos, ou não, de Resolução Senatorial, desde que, nesse último caso, tenham resultado de julgamento realizado nos moldes do art. 543-B do CPC; (iii) quando anteriores a 3 de maio de 2007, aqueles formados em sede de controle difuso de constitucionalidade, seguidos, ou não, de Resolução Senatorial, desde que, nesse último caso, tenham sido oriundos do Plenário do STF e sejam confirmados em julgados posteriores da Suprema Corte.

Portanto, a menos que o Supremo Tribunal Federal consagre o entendimento de que as decisões proferidas em controle difuso de constitucionalidade quando submetidas à sistemática da repercussão geral tem os mesmos efeitos das decisões proferidas em controle concentrado de constitucionalidade (ADI, ADC e ADPF), quais sejam, efeitos vinculantes para todas as pessoas, públicas (inclusive órgãos do Executivo e do Legislativo) ou privadas, parece certo apresentar a seguinte conclusão: considerar que decisões tomadas em controle difuso de constitucionalidade, ainda que submetidas à sistemática da repercussão geral (nos termos do art. 543-B, §3º, do CPC) são dotadas de "força para, com o seu advento, impactar ou alterar o sistema jurídico vigente, precisamente por serem dotados dos atributos da definitividade e objetividade", a ponto de prevalecer sobre a coisa julgada e sobre a coisa soberanamente julgada já existente, representa flagrante afronta à Constituição, a qual, importa reiterar, não confere às decisões tomadas em controle difuso de constitucionalidade efeitos vinculantes e *erga omnes*.

## CONCLUSÕES

A adequada compreensão da inter-relação dos fenômenos da relação continuativa tributária, da coisa julgada tributária, da mutação jurídica e da consolidação da jurisprudência permite identificar o modo pelo qual o controle de constitucionalidade do STF informa a contagem do prazo de prescrição referente à ação de repetição de indébito e do prazo de decadência relativo à realização do lançamento (constituição do crédito tributário).

As *relações continuativas tributárias* são as atinentes a certo contribuinte, as quais se sucedem no tempo, e têm em comum a qualidade de possuírem os elementos característicos informados pelo consequente de uma mesma norma tributária, e que decorrem da incidência dessa norma tributária sobre certos fatos (fatos jurídicos tributários ou fatos geradores concretos), os quais têm em comum a qualidade de possuírem os elementos característicos informados pelo antecedente dessa norma tributária.

O disposto na Súmula nº 239 do STF não impede a formação de coisa julgada tributária. O que vai determinar a extensão da coisa julgada tributária será a lide discutida no processo, pelo que a sentença pode ficar limitada a um exercício ou a um lançamento, como pode se estender às futuras relações continuativas tributárias mantidas entre certo contribuinte e a Fazenda Pública.

Parece adequado admitir a possibilidade de o STF passar a considerar inconstitucional norma tributária que já havia considerado constitucional em anterior controle concentrado, desde que estejam presentes razões suficientes que justifiquem essa relevante mutação jurídica (mutação constitucional), tais como, a ocorrência de transformações da realidade (físicas, ambientais, tecnológicas etc.) ou mesmo de valores sociais, morais, econômicos e culturais predominantes. Neste caso, deve-se, excepcionalmente, atribuir à atual decisão contida em ADI, ADC, ADPF ou súmula vinculante efeitos *ex nunc*, de modo que somente os fatos ocorridos após o trânsito em julgado do respectivo acórdão ou após a publicação da súmula vinculante deixarão de sofrer a incidência da norma tributária (que até então era considerada constitucional) e, assim, não mais provocarão o nascimento da obrigação tributária.

Parece ser incompatível com o sistema constitucional brasileiro, o STF, em controle concentrado, decidir no sentido da constitucionalidade de certa norma tributária, quando ele próprio houver, previamente, consolidado (em decisão com efeitos *erga omnes* e vinculantes) entendimento em sentido oposto. O STF já decidiu ser inadmissível no Brasil o fenômeno da constitucionalidade superveniente.

A decisão firmada em controle concentrado há que ser concebida como "direito novo", tal qual fosse nova norma veiculada por uma lei, pelo que deverá ser aplicada com efeitos *ex tunc*, *erga omnes* e vinculante, salvo para aqueles que tiverem coisa julgada soberanamente a seu favor, para quem, em função da necessária preservação dos efeitos dessa coisa julgada, a decisão firmada em controle concentrado deverá ser aplicada com efeitos *ex nunc*, isto é, somente aos fatos ocorridos a partir do trânsito em julgado da decisão firmada em controle concentrado.

Com a adoção dessa tese, afasta-se a situação ofensiva aos princípios da igualdade (art. 5º, I, e art. 150 da CRFB), da capacidade contributiva objetiva e subjetiva (art. 145, §1º, da CRFB) e da livre concorrência (art. 170 da CRFB) de apenas alguns contribuintes serem beneficiados ou prejudicados em função de existir quanto a eles coisa julgada ou soberanamente julgada em sentido diverso daquele posteriormente assentado em sede de controle concentrado de constitucionalidade. Assim, todos os fatos ocorridos a partir do trânsito em julgado da nova decisão firmada em controle concentrado de constitucionalidade, realizados por quem quer que seja (efeito *erga omnes*), obrigatoriamente (efeito vinculante), estarão submetidos ao mesmo regime jurídico.

A menos que o Supremo Tribunal Federal consagre o entendimento de que as decisões proferidas em controle difuso de constitucionalidade quando submetidas à sistemática da repercussão geral (nos termos do art. 543-B, §3º, do CPC) tem os mesmos efeitos das decisões proferidas em controle concentrado de constitucionalidade (ADI, ADC e ADPF), quais sejam, efeitos vinculantes para todas as pessoas, públicas (inclusive órgãos do Executivo e do Legislativo) ou privadas, parece certo conceber que aquelas decisões, diversamente do defendido no Parecer PGFN/CRJ/Nº 492/2011, não são dotadas de "força para, com o seu advento, impactar ou alterar o sistema jurídico vigente, precisamente por serem dotados dos atributos da definitividade e objetividade", a ponto de prevalecer sobre a coisa julgada e sobre a coisa soberanamente julgada já existente.

# O QUE É FORMALISMO TRIBUTÁRIO?

*Sergio André Rocha*

## 1. INTRODUÇÃO

De uns anos para cá, nota-se uma interessante mudança no ideário tributário nacional. As teorias jurídico-tributárias dividiram-se entre um grupo de autores que recebeu a denominação genérica de "formalistas" e um outro grupo, que não possui uma alcunha específica, mas que poderia ser chamado "substantivista" ou "valorativo".

Nessa batalha ideológica, ser chamado pelo adjetivo "formalista" ganhou tons pejorativos em alguns círculos. Autores que nem sempre possuem pontos de aproximação em suas teorias são agrupados sem maior rigor científico em tal categoria.

Mas afinal, o que é ser um "formalista"? Esta é uma questão não respondida pela doutrina tributária pátria. Usa-se esta palavra sem um norte teórico comum, colocando-se, como referido, em uma mesma cesta autores que sustentam linhas de pensamento muitas vezes irreconciliáveis.

O propósito deste breve estudo é tentar lançar alguma luz sobre os critérios que podem ser utilizados para classificar determinada linha de pensamento como "formalista". Considerando, como já destacamos, o caráter muitas vezes ideológico deste debate, faço questão de esclarecer, desde já, que este artigo não é uma defesa do formalismo, já que, de uma maneira geral, minhas posições teóricas se aproximam mais dos autores identificados como "substantivistas" ou "valorativos".[1] Tampouco é uma críti-

---

1 Ver, por exemplo: ROCHA, Sergio André. A Tributação na Sociedade de Risco. In: *Tributação Internacional*. São Paulo: Quartier Latin, 2013. pp. 18-51; ROCHA, Sergio André. A Deslegalização no Direito Tributário Brasileiro Contemporâneo: Segurança Jurídica, Legalidade, Conceitos Indetermina-

ca ao "formalismo". Meu objetivo é apenas apresentar critérios para a identificação de correntes de pensamento tributário como "formalistas".

## 2. QUAIS SÃO OS TRAÇOS DE UMA TEORIA FORMALISTA DO DIREITO?

Um dos mais interessantes trabalhos a respeito do formalismo jurídico foi elaborado pelo professor americano Frederick Schauer na década de 80.[2] Em seu artigo Schauer identifica cinco espécies de teorias formalistas, conforme abaixo:

> 1. Formalismo como negação da indeterminação das palavras.
> 2. Formalismo como negação da possibilidade de não aplicação de normas claras.
> 3. Formalismo como crença na dedução silogística mecânica.
> 4. Formalismo como interpretação literal dos textos jurídicos.
> 5. Formalismo como isolamento do sistema jurídico.

A leitura desses itens já mostra sua aproximação com diversas doutrinas tributárias contemporâneas. Vamos examinar, mesmo que superficialmente, cada um desses tipos de formalismo jurídico.

### 2.1. Formalismo como crença na determinação das palavras

Ao analisar o formalismo como crença na determinação das palavras, Schauer volta às lições de Herbert Hart.[3] O professor britânico partiu da "textura aberta" das palavras[4] e da indetermina-

dos, Tipicidade e Liberdade de Conformação da Administração Pública. In: ROCHA, Sergio André; RIBEIRO, Ricardo Lodi (Coords.). *Legalidade e Tipicidade no Direito Tributário*. São Paulo: Quartier Latin, 2008. pp. 220-259.

2 SCHAUER, Frederick. Formalism. *The Yale Law Journal*, v. 97, Mar. 1988, pp. 508-548.

3 SCHAUER, Frederick, Formalism, 1988, p. 514.

4 Segundo Hart "a textura aberta da lei significa que há, de fato, áreas de conduta onde muito deve ser deixado para ser desenvolvido por cortes ou

ção dos fatos e dos fins das regras para concluir que há casos onde o aplicador terá que *escolher* como aplicá-las.

Segundo Hart "se o mundo no qual vivemos fosse composto apenas por um número finito de características, e estas e o modo como elas combinam fossem conhecidas por nós, então uma regra poderia ser feita com antecedência para todas as possibilidades".[5] Assim, a indeterminação dos fatos quando da elaboração do texto normativo impede que se antecipe de forma clara todos os casos aos quais ele será aplicado.

O mesmo acontece com os fins da regra. Por mais que se tenha uma finalidade a ser alcançada quando o texto foi feito, as circunstâncias fáticas podem por em xeque o fim que se pretendia alcançar.

Partindo desses comentários, Hart sustenta que "o vício conhecido pela teoria jurídica como formalismo ou conceitualismo consiste numa atitude diante de regras formuladas verbalmente que busca disfarçar e minimizar a necessidade de tal escolha uma vez que a regra tenha sido editada. Uma forma de fazer isso é congelar o significado da regra de forma que seus termos gerais devam ter o mesmo significado em qualquer caso onde sua aplicação esteja presente".[6]

Portanto, uma teoria jurídica pode ser considerada "formalista" caso tenha como ponto de partida a certeza conceitual das palavras, ou, como destaca Richard Posner, parta de "uma crença exagerada na transparência da linguagem das provisões legais e constitucionais e, portanto, na possibilidade de oferecer respostas definitivamente corretas a questões interpretativas complexas".[7]

Trazendo este debate para o campo tributário, uma teoria será classificada como formalista, por este aspecto, caso tenha

autoridades que buscarão um equilíbrio, diante das circunstâncias, entre interesses conflitantes que variam de peso de caso a caso" (HART, H. L. A. *The Concept of Law*. 2nd. Ed. Oxford: Oxford University Press, 1998. p. 135).

5 HART, H. L. A., *The Concept of Law*, 1998, p. 128.

6 HART, H. L. A., *The Concept of Law*, 1998, p. 129.

7 POSNER, Richard A. *Problemas de Filosofia do Direito*. Tradução Jefferson Luiz Camargo. São Paulo: Martins Fontes, 2007. pp. 52-53.

como premissa a capacidade da linguagem de servir de base para textos legais claros, certos e determinados, que não se valham da utilização de conceitos indeterminados e tipos jurídicos.Trata-se de versão de formalismo comum na seara tributária, a ideia de que os textos jurídico-tributários podem ser vertidos em uma linguagem determinada, simples e clara.

Esta forma de formalismo jurídico se aproxima do chamado princípio da tipicidade tributária,[8] o qual foi ilustrado por Alberto Xavier nos seguintes termos:

> "Se o tipo tributário exprime, assim, uma especificação do conceito de imposto, cada tipo, por si, deve conter todos os elementos que caracterizam aquele mesmo conceito. Encarando a realidade de um ponto de vista normativístico, que o mesmo é dizer, partindo da norma para a vida, dir-se-á que objeto da tipificação são os 'elementos essenciais' do tributo enumerados no art. 97 do Código Tributário Nacional.
> [...]
> O órgão de aplicação do direito deve ter na lei predeterminado o conteúdo da sua decisão, donde resulta que se procura subtrair ao seu arbítrio ou critério subjetivo a eleição dos fatos tributários (como no Direito Penal se retira ao juiz a livre incriminação dos fatos) mas, mais ainda, que se lhe pretende retirar o critério da sua tributação, isto é, a fixação da medida do tributo. O órgão de aplicação do direito encontra-se, deste modo, submetido, quer aos tipos legais de fatos tributários, quer aos tipos de efeitos jurídicos decorrentes da verificação dos fatos, abrangendo a medida do tributo."[9]

A relação entre tipicidade e certeza encontra-se ainda mais evidente na pena de Roque Antonio Carrazza, para quem "o *tipo tributário* (descrição material da exação) há de ser um conceito fechado, seguro, exato, preciso e reforçador da segurança jurídica".[10]

---

8 Como já deixei registrado em outro texto, entendo que o princípio da tipicidade, da forma como externado pela maioria da doutrina pátria, simplesmente não existe. Ver: ROCHA, Sergio André. Existe um Princípio da Tipicidade no Direito Tributário? *Revista Dialética de Direito Tributário*, São Paulo, nº 136, jan. 2007, pp. 68-79.

9 XAVIER, Alberto. *Os Princípios da Legalidade e da Tipicidade da Tributação.* São Paulo: Revista dos Tribunais, 1978. pp. 72-73.

10 CARRAZZA, Roque Antonio. *Curso de Direito Constitucional Tributário*. 20 Ed. São Paulo: Malheiros, 2004. p. 235.

Essas correntes, que associam o texto legal tributário com a certeza e a determinação linguística, de forma a subtrair do órgão de aplicação do direito qualquer margem de conformação, serão consideradas formalistas de acordo com esta primeira noção de formalismo jurídico.

## 2.2. Formalismo como negação da possibilidade de não aplicação de normas claras

Depois de analisar a o alcance da determinação da linguagem, Schauer passa a examinar uma outra forma de formalismo, que seria a possibilidade de se optar pela aplicação ou não de uma norma clara. Em suas palavras "uma variável da espécie de formalismo que acabamos de discutir vê formalismo como envolvendo não a negação da existência de escolhas dentro de normas, mas a negação de que há frequentemente escolhas a respeito de se aplicar ou não uma regra clara".[11]

Considerando a aplicação de normas tributárias impositivas, parece que, neste aspecto, o Direito Tributário é formalista. De um modo geral, havendo uma clara disposição legal determinando a incidência do tributo,[12] considerações outras não poderão ser levadas em conta pelo intérprete/aplicador diante do caso concreto para deixar de aplicar a disposição legal. Nesse aspecto, a atuação da autoridade pública é, como destaca o Código Tributário Nacional, plenamente vinculada (artigo 3º e parágrafo único do artigo 142).

Apenas no campo das obrigações acessórias ou na aplicação de regras procedimentais se poderia cogitar de uma quebra dessa tradição formalista. Com efeito, considerando o princípio geral da instrumentalidade das formas,[13] é possível que, em determinado

11 SCHAUER, Frederick, Formalism, 1988, p. 515.

12 Neste ponto é importante uma ressalva. A adesão à visão de que a linguagem tende a ser indeterminada e que indeterminação, ambivalência e complexidade tendem a fazer parte do sistema jurídico não significa que todas os textos normativos sejam indeterminados, complexos e ambivalentes. Em outras palavras, aduzir que nem sempre as regras são claras não é o mesmo que afirmar que elas são sempre obscuras.

13 Sobre o tema, ver: ROCHA, Sergio André. *Processo Administrativo Fiscal: Controle Administrativo do Lançamento Tributário.* 4ª ed. Rio de Janeiro: Lumen Juris, 2010. pp. 101-104.

caso concreto, afaste-se claro comando legal em respeito a princípios e fins mais relevantes ao ordenamento jurídico.

Exemplo desta situação temos na apresentação da prova documental no âmbito do processo administrativo fiscal federal. Com efeito, de acordo com o § 4º do artigo 16 do Decreto nº 70.235/72, há no processo administrativo uma regra de concentração da prova documental no momento em que é apresentada a impugnação. Segundo tal dispositivo:

> § 4º. A prova documental será apresentada na impugnação, precluindo o direito de o impugnante fazê-lo em outro momento processual, a menos que:
> a) fique demonstrada a impossibilidade de sua apresentação oportuna, por motivo de força maior;
> b) refira-se a fato ou a direito superveniente;
> c) destine-se a contrapor fatos ou razões posteriormente trazidas aos autos.

Há, portanto, uma regra clara de que a prova documental deve ser apresentada na impugnação. Contudo, em homenagem ao princípio da verdade material e à função de proteção da legalidade objetiva do processo administrativo fiscal, em diversas oportunidades o Conselho Administrativo de Recursos Fiscais tem aceitado provas documentais apresentadas após a impugnação do auto de infração.[14] Trata-se de claro afastamento de regra clara em obediência à própria função teleológica do processo administrativo fiscal.

Assim sendo, no que se refere ao formalismo entendido como rejeição à possibilidade de se deixar de aplicar uma regra clara é possível afirmar que, em relação às normas tributárias impositivas, a teoria tributária brasileira é, em geral, formalista. A seu turno, no que se refere às normas procedimentais ou relacionadas a obrigações acessórias, em determinados casos é possível afastamento de uma regra considerada clara diante de considerações teleológicas ou axiológicas.

---

14 ROCHA, Sergio André, *Processo Administrativo Fiscal: Controle Administrativo do Lançamento Tributário*, 2010, pp. 351-358.

## 2.3. Formalismo como crença na dedução silogística mecânica

Outra forma de formalismo é aquele que reduz o fenômeno hermenêutico a uma aplicação silogística mecânica.[15] Segundo Richard Posner, "o raciocínio silogístico é tão convincente e conhecido que os advogados e juízes, sempre ávidos por fazer sua atividade parecer o mais objetiva possível, tentam fazer com que o raciocínio lógico pareça o mais silogístico possível".[16]

O formalismo baseado no silogismo não se distancia muito da crença no sentido literal das palavras. De fato, se a premissa maior, no raciocínio silogístico, é o texto legal, aquele somente será objetivo caso este seja determinado. Por outro lado, a outra peça da objetividade do raciocínio silogístico é a simplicidade dos fatos que compõem a premissa menor. A ideia por trás de uma teoria formalista baseada no silogismo é de que o texto normativo tributário, vertido em linguagem clara, certa e determinada, será aplicado a um conjunto de fatos também claros, certos e determinados, chegando-se então à conclusão, que deveria ser facilmente apreensível por qualquer homem médio.

A crença na lógica silogística parece estar no centro de uma visão da interpretação da legislação tributária como instrumento para se alcançar uma simples dedução da tributação aplicável às transações realizadas pelas pessoas físicas ou jurídicas, para Alberto Xavier "a aplicação da norma tributária a um caso concreto traduz-se num raciocínio lógico subsuntivo que tem como premissa maior a norma tributária geral e abstrata, como premissa menor a situação fática da vida apresentada ao órgão de aplicação do Direito e como conclusão um juízo afirmativo ou negativo acerca da correspondência da referida situação fática à hipótese normativa".[17]

---

15 SCHAUER, Frederick, Formalism, 1988, pp. 522-523.

16 POSNER, Richard A., *Problemas de Filosofia do Direito*, 2007, p. 52.

17 XAVIER, Alberto. *Tipicidade da Tributação, Simulação e Norma Antielisiva*. São Paulo: Dialética, 2001. p. 34.

## 2.4. Formalismo como interpretação literal dos textos jurídicos

Uma das formas de formalismo é aquela que tem como base a possibilidade da interpretação literal dos textos legais. Esse debate se inicia com a discussão a respeito da existência de um sentido literal mínimo que os textos normativos possuam, mesmo quando tomados fora de seu contexto. A pergunta que Schauer nos apresenta é: os textos normativos têm um sentido mínimo apreensível pelo intérprete considerando apenas a análise da linguagem?

A resposta do citado autor a essa questão é positiva, no sentido de que há um sentido literal mínimo dos textos normativos, apreensível apenas a partir da análise da linguagem. Como ele mesmo pontua, "que nós possamos aprender mais pela consideração de fatores adicionais ou por entendermos plenamente as intenções do emissor da mensagem não significa que não aprendamos nada consultando a linguagem das regras por si sós".[18]

Sendo possível uma apreensão mínima de significado a partir do exame isolado da linguagem dos textos normativos, uma vertente do formalismo jurídico defende a impossibilidade do resultado de tal análise meramente linguística ser afastada por outras considerações, de modo que implicações de ordem sistemática, teleológica ou axiológica não seriam suficientes para afastar a interpretação com base em análises linguísticas.

Não identificamos do Direito Tributário Brasileiro uma tendência formalista nesse sentido. Mesmo autores que sustentam visões no sentido de que a linguagem é clara e certa o bastante para garantir uma compreensão dos mandamentos dos textos normativos tributários vão concordar que o processo hermenêutico não se resume a analises sintáticas e semânticas.

Se não há uma tendência teórica em direção a um formalismo baseado na interpretação literal não podemos esquecer que há previsão nesse sentido no artigo 111 do Código Tributário Nacional, segundo o qual "interpreta-se literalmente a legislação tributária que disponha sobre: I – suspensão ou exclusão do cré-

18 SCHAUER, Frederick, Formalism, 1988, p. 528.

dito tributário; II - outorga de isenção; III - dispensa do cumprimento de obrigações tributárias acessórias".

Este dispositivo, que é alvo de severas críticas formuladas pelo Professor Ricardo Lobo Torres,[19] com as quais concordamos integralmente, talvez reflita a única inserção do formalismo baseado na interpretação literal no âmbito do Direito Tributário Brasileiro.

## 2.5. Formalismo como isolamento do sistema jurídico

Uma outra forma de formalismo seria aquela que considera o sistema jurídico suficiente para prover todas as respostas aos problemas sociais a que se propõe a resolver. Como descreve Schauer "vimos que regras podem gerar respostas ou excluir de consideração respostas que de outra forma seriam elegíveis. Também vimos que há regras, como a que proíbe atirar em pelicanos, cuja aplicação em muito do seu escopo requer recurso apenas à regra e julgamentos incontroversos de significado e identificação de particularidades discretas. Portanto, é possível que haja sistemas cujas operações requerem recurso apenas a normas do sistema e a habilidades linguísticas e observacionais aceitas".[20]

A ideia de fechamento de um sistema se relaciona com outra, típica do pensamento positivista, que é a crença na completude do sistema. Conforme descreve Norberto Bobbio "com o requisito da completude, o positivismo jurídico afirma que, das normas explicita ou implicitamente contidas no ordenamento jurídico, o juiz pode sempre extrair uma *regula decidendi* para resolver qualquer caso que lhe seja submetido: o positivismo jurídico exclui assim decididamente a existência de *lacunas* no direito".[21]

A relação entre fechamento e completude não passou despercebida por Schauer, que destacou, contudo, que "fechamento e completude são propriedades distintas. Fechamento se refere

---

19 Ver, por todos: TORRES, Ricardo Lobo. *Normas de Interpretação e Integração do Direito Tributário.* 4ª ed. Rio de Janeiro: Renovar, 2006. pp. 195-210.

20 SCHAUER, Frederick, Formalism, 1988, p. 535.

21 BOBBIO, Norberto. *O Positivismo Jurídico.* Tradução Márcio Pugliesi. São Paulo: Ícone, 1995. p. 133.

à capacidade de um sistema de decidir casos dentro dos confins do próprio sistema, enquanto completude se refere à extensão em que um sistema lida com tais casos".[22]

Segue o professor americano afirmando que, para tentar alcançar o objetivo da completude, e apresentar respostas para a maioria dos casos, o sistema jurídico tende a se valer de normas mais fluidas e imprecisas. Por outro lado, tal abertura tenderia a abrir o sistema jurídico para mais influências externas.[23]

Diante dessa análise, a conclusão de Schauer foi bastante categórica. Segundo ele, "sistemas jurídicos normalmente rejeitam o fechamento porquê eles têm que lidar com um vasto conjunto de problemas apresentado por um mundo complexo e fluido. Mas isso é o mesmo que dizer que comparativamente sistemas fechados podem ser por vezes indesejáveis, não que eles não sejam possíveis".[24]

A versão do formalismo como isolamento sistêmico não é estranha ao direito tributário. Encontramos posição nesse sentido, por exemplo, na obra de Paulo de Barros Carvalho, para quem:

> De tudo quanto se expôs, cabe ressaltar que a doutrina da autopoiese, que chega timidamente ao meio jurídico nacional, ao superar a visão dos sistemas abertos, em constante intercâmbio direto, vem trazer enorme reforço à compreensão sistemática do direito positivo, chamando a atenção para sua autonomia operacional e mostrando que o único modo de aprender-lhe as mensagens prescritas é interpretando-o juridicamente, isto é, a partir de suas estruturas, categorias, processos e formas. Não já como aceitar uma interpretação econômica do direito ou uma interpretação histórica do direito, mecanismos espúrios que ainda contaminam nossa cultura jurídica. Mais a mais, um sistema não age sobre outro sistema, modificando-o. O que pode acontecer é o sistema S' tomar conhecimento de informações do sistema S'' e processar esses dados segundo seu código de diferença, vale dizer, submetendo-o ao se peculiar critério operacional. Em linguagem jurídica, é o direito recebendo fatos econômicos, por exemplo, em suas hipóteses normativas e, a partir delas, produzindo novas relações jurídicas por meio dos operadores deônticos (V, P e O). Já se vê que a identidade auto-referencial do sistema jurídico

22 SCHAUER, Frederick, Formalism, 1988, pp. 535-536.

23 SCHAUER, Frederick, Formalism, 1988, p. 536.

24 SCHAUER, Frederick, Formalism, 1988, p. 536.

> impede qualquer esforço *externo* no sentido de seu conhecimento operacional, que somente será possível à medida que se considere o conjunto na complexidade de sua *organização interior*.[25]

Portanto, pode ser classificada como formalista a teoria que tem como premissa a independência e fechamento operacional do sistema jurídico em relação a outros sistemas cognoscitivos.

Um reflexo desse tipo de formalismo aparece na discussão a respeito da moral tributária do contribuinte. A questão que se apresenta refere-se à existência ou não de um dever moral de contribuir aos cofres públicos. Esta questão está no centro dos debates sobre planejamento tributário, aparecendo em discussões como a travada no projeto da OCDE de combate à erosão de base tributária e à transferência de lucros (em inglês *BEPS - Base Erosion and Profit Shifting*).

Uma teoria tributária formalista irá negar a existência de um dever tributário de fonte moral, reforçando que apenas nas situações expressamente previstas em lei é possível falar em um dever de contribuir. Posição nesse sentido já era defendida há décadas atrás por Antônio Roberto Sampaio Dória, em seu surpreendentemente atual livro *Evasão e Elisão Fiscal*, como se infere da passagem abaixo transcrita:

> "O verdadeiro *rationale* que está por detrás das várias teorias da ilegitimidade da elisão fiscal e, principalmente, de decisões judiciais a ela desfavoráveis, apesar de jurídicas em seu aparato exterior, técnica e argumentação, o verdadeiro *rationale*, dizíamos, são inspirações éticas. Repugna a muitos admitir que possa alguém, com habilidade e inteligência, manipular as formas para escapar a uma responsabilidade fiscal, quando outros não o logram. Desagrada endossar o astucioso arranjo dos negócios, especialmente dos poderosos, feito com o visível intuito de se forrar ao pagamento de tributos, baseados na capacidade contributiva. É sempre amargo o desapontamento, que deve assaltar os julgadores, de terem que coonestar, por motivos de lógica jurídica formal, o que a seus olhos parece uma prestidigitação tributária.
>
> Não estimamos realístico falar-se em Moral Tributária num setor em que o comportamento dos indivíduos é rigorosamente condiciona-

25 CARVALHO, Paulo de Barros. *Curso de Direito Tributário*. 21ª ed. São Paulo: Saraiva, 2009. p. 151.

do pela *cogência* da norma. Em primeiro lugar, devido ao princípio do utilitarismo que governa toda a vida econômica. Depois, tanto jurídica como moralmente, seria irrisório pretender-se generosidade por parte dos contribuintes, sendo a *compulsoriedade*, e não a adesão espontânea do indivíduo, a nota essencial da tributação. O erário público (já dissemos, escrevendo a propósito da elisão) não se nutre precipuamente de donativos e espórtulas, mas de contribuições *forçadas*.[26]

## 3. FORMALISMO E QUALIFICAÇÃO DOS FATOS

Talvez o tipo de formalismo que mais ganhou notoriedade no Direito Tributário Brasileiro na última década não seja nenhum dos descritos acima. Com efeito, nos marcos do controle da legitimidade dos chamados planejamentos tributários abusivos, ganhou evidência o formalismo como teoria que pugna a qualificação dos atos praticados pelos contribuintes a partir de sua forma jurídica de Direito Privado, independentemente de sua substância econômica.

Partindo da separação entre os momentos de interpretação da norma jurídica e sua aplicação, há autores que sustentam uma distinção entre *interpretação* e *qualificação*. Enquanto a primeira seria a compreensão dos sentidos possíveis de um determinado texto a segunda consistiria na valoração de um dado fato de acordo com o resultado da interpretação.

Posição nesse sentido é adotada, por exemplo, por Ricardo Lobo Torres, para quem "o fato concreto apenas é *valorado* de acordo com a lei, ou *qualificado* segundo as categorias estabelecidas pela norma ou, como prefere Reale, é objeto de uma 'qualificação normativa'. Se a aplicação do direito reveste sempre a forma de silogismo, subsume-se o fato em uma das interpretações possíveis da norma. Entre a interpretação da norma e a qualificação do fato há, por conseguinte, uma relação de subsunção, que não é meramente lógico-formal, mas também valorativa, o que às vezes, como anota Perelman, permite que o juiz abuse da qualificação para modificar a interpretação".[27]

26 DÓRIA, Antônio Roberto Sampaio. *Elisão e Evasão Fiscal*. 2ª ed. São Paulo: José Bushatsky, 1977. pp. 124-125.

27 TORRES, Ricardo Lobo, *Normas de Interpretação e Integração do Direito Tributário*, 2006, pp. 309-310.

Vale a pena destacar a lição, neste mesmo sentido, manifestada por Isabel de Magalhães Collaço, para quem "ao estudar a problemática da interpretação de determinadas categorias de conceitos técnico-jurídicos, não se há de esquecer, por certo, que a interpretação de dado conceito, em si mesma, se não confunde com aquela operação que se traduz em subsumir nesse conceito um certo substrato concreto – ou seja, com a qualificação de algo à luz desse conceito".[28]

Em outro trabalho, apresentamos crítica à separação rígida entre interpretação do texto normativo e qualificação dos fatos a partir da primeira, destacando que há uma necessária circularidade entre o fato e o texto, uma implicação mútua que não pode ser desconsiderada.[29]

De toda forma, o conceito de qualificação é útil à classificação que ora nos propomos. Ou seja, é possível identificar que certas doutrinas são consideradas formalistas em razão de pretenderem qualificar os fatos sobre os quais incidirão as regras tributárias exclusivamente à luz de suas formas de direito privado.

Embora por vezes se confunda este tipo de formalismo tributário com os outros antes analisados, vale a pena observar que não há uma correlação necessária entre os mesmos. Um autor pode defender a abertura conceitual, o pluralismo metodológico para fins hermenêuticos, a inter-relação sistêmica entre o sistema tributário e outros sistemas não jurídicos e, ainda assim, ser um formalista da perspectiva da qualificação factual.

## 4. FORMALISMO E OPÇÃO POR PRINCÍPIOS CONSTITUCIONAIS

Outra forma de formalismo que se apresenta no Direito Tributário pátrio parte da preferência por princípios constitucionais relacionados à segurança jurídica, em contraposição a prin-

28 COLLAÇO, Isabel de Magalhães. *Da Qualificação em Direito Internacional Privado*. Lisboa: [s.n.], 1964. pp. 142-143.

29 ROCHA, Sergio André. *Interpretação dos Tratados para Evitar a Bitributação da Renda*. 2ª ed. São Paulo: Quartier Latin, 2013. pp. 175-178.

cípios de justiça. Linha teórica nesse sentido encontramos em Humberto Ávila.

O professor gaúcho parte do reconhecimento de que "a nossa Constituição não tem apenas os princípios da legalidade, da segurança jurídica, do Estado de Direito, retroatividade, anterioridade, que são princípios relacionados à segurança jurídica, princípios que eu qualificaria de princípios *formais*. A nossa Constituição também tem princípios que poderíamos chamar de princípios *materiais*, relacionados à solidariedade, à função social da propriedade, à dignidade humana – e por aí afora".[30]

Diante de princípios que podem orientar resultados contraditórios, Humberto Ávila sustenta que para chegarmos à coerência sistemática da Constituição "temos que investigar qual é a aglutinação maior da nossa Constituição"[31] e, na visão do citado autor, a Constituição Federal dá maior relevância aos princípios formais. Em suas palavras, "há uma preferência axiológica da nossa Constituição pelo controle de poder".[32]

Dessa forma, uma teoria poderia ser chamada formalista por se basear em uma análise do Sistema Tributário conforme descrito na Constituição Federal como primordialmente formal, como sendo principalmente um conjunto de limitações ao exercício do poder de tributar.

## 5. FORMALISMO COMO UMA CERTA LEITURA DOS PRINCÍPIOS TRIBUTÁRIOS

No item anterior vimos que uma vertente do formalismo tributário parte de uma leitura da Constituição Federal que leva à conclusão de que a própria Lei Maior teria feito uma opção por princípios formais. Agora, parece-nos haver outra forma de formalismo que se materializa em uma determinada leitura de tais princípios formais. O melhor exemplo é o caso do princípio da legalidade.

30 ÁVILA, Humberto. Planejamento Tributário. *Revista de Direito Tributário*, São Paulo, nº 98, 2007, pp. 80-81.

31 ÁVILA, Humberto, Planejamento Tributário, 2007, p. 81.

32 ÁVILA, Humberto, Planejamento Tributário, 2007, p. 81.

Uma teoria formalista vai interpretar o princípio da legalidade, juntamente com o princípio da tipicidade, como um instrumento exclusivo de contenção do poder, relacionando-se, por exemplo, com a noção antes mencionada de clareza conceitual. Encontramos argumentação nesse sentido em Hugo de Brito Machado, para quem:

> "O princípio da legalidade pode ser entendido em dois sentidos, a saber:
> a) o de que o tributo deve ser cobrado mediante o consentimento daqueles que o pagam, e
> b) o de que o tributo deve ser cobrado segundo normas objetivamente postas, de sorte a garantir plena segurança nas relações entre o Fisco e os contribuintes."[33]

Portanto, além de uma orientação no sentido de que princípios formais têm um maior peso constitucional do que outros princípios "materiais", para usar a nomenclatura utilizada por Humberto Ávila,[34] também é possível identificar uma visão do formalismo que propõe uma certa leitura de tais princípios.

## 6. CONCLUSÃO

A motivação para a elaboração deste breve texto veio de uma conversa mantida com um professor durante o 17º Simpósio de Grandes Questões Atuais do Direito Tributário da Dialética. Na oportunidade ele questionava porquê alguns autores o classificavam como formalista. Este texto certamente é apenas a primeira incursão sobre o tema, de modo que, aqui, não me propus a analisar detidamente a doutrina dos autores chamados formalistas para verificar se efetivamente podem ser chamados assim e, em caso positivo, em que sentido suas doutrinas podem ser chamadas formalistas.

Considerando a ressalva acima, podemos concluir este texto afirmando que o formalismo jurídico-tributário não é uma cate-

33 MACHADO, Hugo de Brito. *Os Princípios Jurídicos da Tributação na Constituição de 1988*. 5ª ed. São Paulo: Dialética, 2004. p. 21.

34 ÁVILA, Humberto, Planejamento Tributário, 2007, p. 81.

goria unívoca. Pelo contrário, como vimos há várias teorias formalistas no Direito em geral e no Direito Tributário em particular, de modo que devemos ter cuidado ao ingressar em generalizações neste campo. Ao afirmar que um determinado autor é formalista é importante esclarecer a razão de tal classificação, para que o leitor possa verificar se tal afirmação é ou não procedente. Por outro lado, deve-se ter redobrado cuidado ao fazer avaliações valorativas sobre teorias formalistas, umas vez que, se nem todo formalismo é bom, certamente nem todo formalismo é ruim.

# O SUPREMO TRIBUNAL FEDERAL E AS CLÁUSULAS PÉTREAS DA FORMA FEDERATIVA DE ESTADO E DA SEPARAÇÃO DE PODERES EM MATÉRIA TRIBUTÁRIA

*Gustavo da Gama Vital de Oliveira*

> "Ao chegarmos ao ano 2000, o grande debate tributário situa-se nas 'cláusulas pétreas'! O modelo formal atingiu o topo lógico do debate sobre a Constituição; aquilo que começou como debate sobre a relação entre a portaria e decreto, decreto e lei, lei e Constituição acabou extrapolando a própria Constituição para envolver temas que se encontram fora dela e apenas são nela refletidos."
>
> Marco Aurélio Greco (*Planejamento Tributário*. São Paulo: Dialética, 2008)

## 1. FUNÇÕES DAS CLÁUSULAS PÉTREAS NO SISTEMA CONSTITUCIONAL TRIBUTÁRIO BRASILEIRO

O texto constitucional brasileiro de 1988 sofreu diversas alterações em matéria tributária e financeira. O elevado número de emendas constitucionais fez com que a doutrina brasileira abordasse o tema das cláusulas pétreas tributárias e financeiras diversas vezes.[1] Dos quatro incisos previstos no art. 60, §4º, da CF, apenas o inciso II (voto direito, secreto, universal e periódico) não possui ligação direta com a matéria ventilada.

---

1 CAMPOS, Dejalma de. As cláusulas pétreas tributárias. *Revista Dialética de Direito Tributário*, nº 9, 1996, pp. 28-33; AMARO, Luciano. As Cláusulas pétreas e o direito tributário. *Revista Dialética de Direito Tributário*, nº 21, 1997, pp. 71-78; CARRAZZA, Roque Antônio. A reforma tributária e as cláusulas pétreas. *Revista de Direito Tributário*, nº 67, 1997, pp. 252-257; PIMENTA, Paulo Roberto Lyrio. Cláusulas pétreas tributárias. *Revista Dialética de Direito Tributário*, nº 92, 2003, pp. 40-46.

As cláusulas pétreas tributárias e financeiras tangenciam alguns dos temas mais relevantes da filosofia constitucional contemporânea: constitucionalismo, democracia, direitos fundamentais, federalismo e separação de poderes. A jurisdição constitucional brasileira, ao examinar a constitucionalidade de emendas, é chamada constantemente a elucidar quais as decisões políticas fundamentais em matéria tributária e financeira que compõem as cláusulas pétreas.

Estudos da ciência política brasileira comprovam que a matéria financeira e tributária tratada na Constituição efetivamente sofreu diversas alterações, o que se explica pelo fato de que a Carta de 1988 cuidou do sistema tributário e das finanças públicas de forma mais detalhada do que qualquer outra.[2] Outro fator que contribuiu significativamente para a proliferação de emendas constitucionais em matéria fiscal foi a nítida reação do Governo Federal ao projeto de descentralização financeira em favor de Estados e Municípios implementado pela Constituição de 1988.

O texto de 1988 procurou promover verdadeira reconstrução do federalismo brasileiro que fora sensivelmente abalado pelo modelo centralizador adotado pela carta autoritária de 1967-69. A autonomia de Estados e Municípios foi revitalizada, especialmente no campo das competências tributárias e nas competências político-administrativas, em nítida direção favorável à descentralização fiscal.[3] Ocorre que logo após a promulgação da Constituição diversas emendas constitucionais foram aprovadas com o incentivo do Governo Federal com o escopo de aumentar a arrecadação com tributos cujas receitas não eram objeto de repartição aos

---

2 SOUZA, Celina. Regras e contexto: as reformas da Constituição de 1988. *Dados*: Revista de Ciências Sociais, Rio de Janeiro, v. 51, nº 4, 2008, p. 798: "Além disso, os constituintes de 1988 mantiveram a tendência das constituições anteriores de inserir no corpo da Constituição um amplo leque de políticas públicas, muitas detalhadas no corpo constitucional, ampliando, por exemplo, a lista de disposições do título constitucional sobre a ordem social, *assim como detalhando mais do que as constituições anteriores o título constitucional sobre tributação*." grifo nosso.

3 BARROSO, Luís Roberto. A derrota da federação: o colapso financeiro dos Estados e Municípios. *Revista de Direito da Procuradoria Geral do Estado do Rio de Janeiro*, nº 53, 2000, p. 109.

demais entes federativos (contribuições, como a CPMF).[4] A baixa participação da tributação sobre a renda e sobre o patrimônio no período posterior à CF de 1988 reflete a tendência da União de privilegiar tributos cujas receitas não são partilhadas com os estados e municípios, o que explica, em grande medida, a preferência do governo central.[5]

Praticamente todas as emendas constitucionais editadas na seara fiscal tiveram a sua constitucionalidade questionada à luz das limitações materiais ao poder de reforma da Constituição previstas no art. 60, §4º, da Constituição. O Supremo Tribunal Federal foi chamado diversas vezes a julgar a constitucionalidade das emendas constitucionais tributárias e financeiras.[6]

A função primordial das cláusulas pétreas é impedir que as alterações promovidas pelo constituinte derivado possam ferir o *núcleo essencial* dos princípios e institutos neles versados, o que resulta no reconhecimento de que além deste *núcleo* há um espaço de conformação no qual deve ser privilegiada a atuação do constituinte derivado. A tendência de expansão do conteúdo das cláusulas pétreas ocasiona sério problema de ordem democrática. Tanto assim que a doutrina constitucionalista majoritária ressalta a necessidade da adoção, pelo Judiciário, de uma postura de cautela na interpretação das cláusulas pétreas no controle de constitucionalidade de emendas. Isto porque interpretações expansivas do conteúdo das cláusulas pétreas tendem a diminuir consideravelmente o espaço de liberdade das maiorias democráticas de empreender modificações no texto constitucional, além de comprometer a própria capacidade de adaptação da Constituição

4 TORRES, Ricardo Lobo. A nova ordem tributária e a descentralização fiscal. *Revista de Direito Tributário*, nº 75, 1999, p. 263.

5 GIAMBIAGI, Fábio e ALÉM, Ana Cláudia. *Finanças públicas*: teoria e prática no Brasil. Rio de Janeiro: Elsevier, 2011, p. 254.

6 O amplo questionamento da constitucionalidade das emendas constitucionais que trataram da matéria financeira e tributária é reconhecido por diversos autores. Neste sentido, TORRES, Ricardo Lobo. *Tratado de direito constitucional financeiro e tributário*, v. IV. Rio de Janeiro: Renovar, 2005, p. 285. VALADÃO, Marcos Aurélio Pereira. Comentários sobre as alterações tributárias à Constituição de 1988. *Ciência e Técnica Fiscal*. Lisboa, v. 413, 2004, p. 36.

para acompanhar a evolução social, estimulando desta forma ou o descumprimento sistemático da supremacia constitucional ou a necessidade de nova convocação do poder constituinte.

Nesta linha, a neutralidade política necessária da jurisdição constitucional pode ser justificada pelas noções desenvolvidas por John Rawls acerca do uso da razão pública pelo Tribunal Constitucional, pois a pluralidade de ideias no âmbito de uma sociedade política exige que sejam articuladas razões comuns que possam ser reconhecidas como razoáveis mesmo por pessoas que comunguem de doutrinas abrangentes diversas. Para Rawls, o Tribunal Constitucional de uma nação é importantíssimo fórum de utilização da razão pública, pois ao decidir acerca da constitucionalidade das leis, desempenha a função de preservar os elementos constitucionais essenciais em face das maiorias transitórias.[7]

As cláusulas pétreas da Constituição brasileira cabem perfeitamente no conceito de elementos constitucionais essenciais de Rawls.[8] Logo, as decisões da jurisdição constitucional sobre o tema devem ser pautadas pela utilização da razão pública, de forma a evitar que maiorias passageiras possam atentar contra a perenidade dos elementos constitucionais essenciais.[9] Assim, apenas as normas constitucionais justificáveis mediante a razão pública poderão ser consideradas cláusulas pétreas. Por tal critério, não são tocadas pelo atributo da imutabilidade os meros privilégios

---

7 RAWLS, John. *O liberalismo político*. São Paulo: Ática, 2000, p. 284.

8 Para a defesa explícita da interpretação do art. 60, §4º da CF à luz das considerações de Rawls, ver BRANDÃO, Rodrigo. *Direitos fundamentais, democracia e cláusulas pétreas*. Rio de Janeiro: Renovar, 2008, pp. 217-225. No mesmo sentido, SIQUEIRA, Natércia Sampaio. As cláusulas pétreas na constituição brasileira: sua equivalência com a matéria constitucional na justice as *fairness*. *Novos Estudos Jurídicos* (Online), UNIVALI, v. 17, 2012, pp. 258-270.

9 FARIAS, José Fernando de Castro. *Ética, política e direito*. Rio de Janeiro: Lumen Juris, 2004, p. 227: "Fazendo a distinção clássica entre o poder constituinte e o poder ordinário, bem como entre lei fundamental do povo e a lei ordinária dos corpos legislativos, Rawls considera que a Corte deve impedir que a Constituição seja enfraquecida pela legislação de maioria passageira ou por interesses estreitos organizados e bem situados, hábeis para obter o que querem."

pessoais e proteções que não se voltem para o "núcleo do direito subjetivo tutelado", que ficam reservados à esfera da legislação."[10]

Acerca do tema, a Comissão de Veneza produziu, recentemente, documento[11] que examina aspectos relativos às emendas constitucionais. O texto discorre acerca dos variados limites que os sistemas constitucionais de diversos países estipulam para o processo de reforma constitucional. Embora o documento revele que a opção dos limites fique a critério de cada país, não deixa de ressaltar que há determinados valores que devem ser preservados, inclusive em face do poder reformador (número 223), o que se torna importante especialmente em momentos em que a legitimidade do Poder Legislativo é posta em dúvida (224).

O raciocínio é importante quando se cogita da cláusula pétrea relacionada ao federalismo (art. 60, §4º, I da CF). É perfeitamente legítimo, nas discussões políticas e eleitorais, a disputa ideológica acerca da necessidade de maior ou menor descentralização da política tributária e financeira, sendo possível prever que tais disputas possam resultar na edição de emendas constitucionais. A decisão a ser tomada sobre a constitucionalidade das emendas constitucionais precisa, todavia, manter-se no campo da neutralidade política, ou seja, a definição judicial do alcance da cláusula pétrea que protege a federação deve ser articulada por meio de razões que sejam suscetíveis de serem potencialmente aceitas pelas diversas correntes ideológicas, que apesar de não concordarem com o rumo das decisões da política ordinária, estão sujeitas aos valores fundamentais da ordem constitucional inaugurada em 1988.

Da mesma forma, no campo das disputas políticas e eleitorais, é legítimo defender posições que procurem reforçar as atribuições do Poder Executivo ou do Poder Legislativo na seara tributária e financeira. Todavia, na construção da cláusula pétrea prevista no art. 60, §4º, III, da CF, a jurisdição constitucional pre-

10 CURI, Bruno Maurício Macedo. *Limitações ao poder de tributar*: análise de sua fundamentalidade ante a razão pública. Dissertação (Mestrado em Ciências Jurídicas e Sociais)-Programa de Pós-Graduação em Sociologia e Direito da Universidade Federal Fluminense, Niterói, 2007.

11 Estudo 469/2008 – Dezembro de 2009 (On constitutional amendment).

cisa adotar decisões no idioma da razão pública, mantendo a neutralidade política.

O raciocínio é reforçado pela consideração de que a democracia também deve significar comprometimento com a observância de decisões constituintes fundmanetais, que devem ser objeto de proteção especial, de modo a dificultar que o processo político possa modificá-las com facilidade.[12] Mesmo autores da ciência política que criticam o movimento de "entrincheiramento" de questões no corpo das constituições, como Melissa Schwartzbergde,[13] admitem que algumas matérias não obedeçam aos processos legislativos normais, como forma de garantir o regular desenvolvimento da democracia. Schwartzbergde aduz que o principal argumento favorável ao entrincheiramento de determinadas decisões constituintes fundamentais, a salvo das decisões majoritárias, é o que denomina o argumento "autofágico da democracia": o risco de que democracias, por meio de procedimentos democráticos, venham a adotar leis ou emendas constitucionais que possam atentar contra pressupostos básicos para o regular funcionamento da própria democracia.

Embora Schwartzbergde adote postura crítica em relação à compatibilidade do entrincheiramento com o regular desempenho da democracia, que não seria o caminho mais eficaz para responder ao argumento autofágico da democracia, sustenta que é possível o reconhecimento de determinados direitos imodificáveis por serem essenciais ao regular desenvolvimento democrático mesmo que não estejam consagrados em texto legal.[14]

E qual seria a razão principal para que determinadas regras sejam "entrincheiradas" nas cláusulas pétreas? Waluchow[15] destaca que há dois motivos principais que as justificam. O primeiro seria o consenso de que para o próprio desenvolvimento natural do

12 PERRY, Michael J. *Constitutional Rights, Moral Controversy, and the Supreme Court*, Cambridge University Press, 1999, p. 27.

13 SCHWARTZBERGDE, Melissa. *Democracy and Legal Change*. Cambridge University Press, 2007, p. 205.

14 Ibid, p. 206.

15 WALUCHOW, W.J. *A common law theory of judicial review*. The living tree. Cambridge University Press, 2007, pp. 45/46.

processo democrático é necessário assegurar princípios estáveis, ligados à noção do Estado de Direito. O papel desses consensos seria criar regras básicas para balizar as disputas das políticas do dia a dia. A segunda razão seria a percepção de que o próprio processo político precisa de uma espécie de proteção extra que possa prevenir os abusos que possam ser cometidos pelas maiorias que estão no poder, em detrimento especialmente das maiorias. É uma forma de conter o que Waluchow chama de "infortunadas tendências" das maiorias de abusarem do poder.

David Robertson,[16] citando a atual Constitução alemã e a sul-africana, bem como a de países do Leste Europeu como exemplos de constituições "propositivas", destaca que o papel do juiz constitucional é como o de um teórico político, que exerce um trabalho de articulação entre os valores consagrados no texto constitucional. Seu papel consiste em garantir que as diversas diretrizes políticas constitucionais sejam concretizadas, mas com o desafio de obedecerem a valores básicos de dignidade e igualdade que precisam ser incorporados às práticas e às instituições políticas (especialmente o parlamento) que viveram anos durante regimes autoritários, que desprezavam tais valores. A Constituição de 1988, com todos os defeitos em seu processo de formação, pode ser considerada uma constituição nitidamente propositiva, com perfil transformador de uma realidade. Nestes países, como destaca Robertson, o poder constituinte quis deixar evidenciada sua vontade de que regras básicas do Estado de Direito fossem observadas, exatamente porque vinham de regimes que não obedeciam tais regras.

Como ressaltado por Habermas, a Constituição precisa ter "abertura para o futuro" e ser vista como verdadeiro projeto no qual as gerações posteriores possam se engajar na tarefa de delimitação do sistema de direitos estatuído.[17] A Constituição não pode ser encarada como obstáculo que deve ser removido a fa-

16 ROBERTSON, David. *The judge as a political theorist:* contemporary constitutional review. Princeton University Press, 2010, p. 355.

17 HABERMAS, Jürgen. O Estado Democrático de Direito: uma amarração paradoxal de princípios contraditórios? In: *A era das transições.* Tradução de Flávio Siebeneichler. Rio de Janeiro: Tempo Brasileiro, 2003, p. 165.

vor da governabilidade. Deve ser defendida como centro de mobilização e de integração política de uma sociedade democrática de forma que as correntes políticas divergentes e os movimentos sociais vejam nas normas constitucionais (especialmente as que compõem as cláusulas pétreas, no caso brasileiro) um conjunto de parâmetros mínimos que devem ser respeitados por todas as correntes políticas, ainda que tenham ideologias diversas, por meio de uma postura de respeito recíproco umas com as outras. Nesta linha, Marcelo Andrade Cattoni de Oliveira:

> A noção de patriotismo constitucional assenta a adesão autônoma aos fundamentos de um regime constitucional-democrático não em substratos culturais pré-políticos de uma pretensa comunidade étnico-nacional, como numa visão nacionalista ou excessivamente comunitarista, mas sim nas condições jurídico-constitucionais de um processo deliberativo democrático capaz de estreitar a coesão entre os diversos grupos culturais e de consolidar uma cultura política de tolerância entre eles (...). Há, portanto, que se defender a Constituição como centro de mobilização ou de integração política de uma sociedade democrática, no sentido do desenvolvimento de um patriotismo constitucional.[18]

Considerando tais constatações, outra relevante função que as cláusulas pétreas tributárias cumprem é fornecer ao Poder

---

18 OLIVEIRA, Marcelo Andrade Cattoni. A legitimidade democrática da Constituição da República Federativa do Brasil: uma reflexão sobre o projeto constituinte do estado democrático de direito no marco da teoria do discurso de Jürgen Habermas. *In*: SOUZA NETO, Cláudio Pereira; SARMENTO, Daniel; BINENBJOIN, Gustavo. (Orgs.). *Vinte anos da Constituição de 1988.* Rio de Janeiro: Lumen Juris, 2009, p. 245. Em linha semelhante, destaca Maria Eugênia Bunchaft que o respeito à diversidade dentro de um ambiente de sensibilidade constitucional inclusiva pode se valer do substrato teórico do princípio da dignidade da pessoa humana, que "ao instituir a cláusula geral de tutela da personalidade humana, está intimamente relacionado à concepção de patriotismo constitucional, porquanto pode potencializar uma sensibilidade constitucional inclusiva em relação à diversidade, suscitando uma cultura político-constitucional pluralista e integradora que conduz a formas não fundamentalistas de reconhecimento mútuo." BUNCHAFT, Maria Eugênia. *O patriotismo constitucional na perspectiva de Jurgen Habermas.* A reconstrução da ideia de nação na filosofia política contemporânea. Rio de Janeiro: Lumen Juris, 2010, p. 111.

Legislativo (e ao Poder Executivo, que é legitimado para deflagrar o processo de emenda à Constituição) um arcabouço teórico mínimo capaz de possibilitar que *no próprio processo legislativo* de emenda ao texto constitucional os limites de atuação do poder de reforma em matéria tributária já sejam em alguma medida delimitados.

Desta maneira, nos debates políticos em torno das alterações em matéria fiscal que as maiorias políticas eventuais buscam implementar, o tema da compatibilidade de tais alterações com os limites materiais ao poder de emenda (e a possível declaração de inconstitucionalidade das emendas em sede judicial) já poderia ser uma das componentes principais do conjunto de variáveis que poderiam influenciar na decisão política de emendar ou não o texto constitucional.[19]

Nos Estados Unidos, a questão da capacitação institucional do Legislativo para o trabalho de interpretação constitucional é objeto de intenso interesse e debate. Mark Tushnet enfatiza que um dos principais incentivos que levam os membros do Legislativo e do próprio Executivo a incorporarem no debate político aspectos ligados à constitucionalidade das medidas legislativas que se pretendem adotar liga-se à circunstância de que é muito comum surgir no seio do debate político[20] argumentos de grupos de oposição

19 Nesta linha, cumpre mencionar as seguintes considerações de Dieter Grimm: "Em contraste, os sistema políticos dotados de controle judicial de constitucionalidade gozam, por meio da mera existência da corte com poderes para exercer a jurisdição constitucional, as vantagens de uma avaliação prévia e mais ou menos neutra acerca das provisões constitucionais. Num sistema como esses, os atores políticos são forçados a antecipar a opinião da corte para evitar derrotas. Enquanto argumentos como conveniência e inutibilidade política frequentemente prevalecem num processo de tomada de decisão, eles são agora informados por argumentos de natureza legal." GRIMM, Dieter. Jurisdição constitucional e democracia. *Revista de Direito do Estado*, nº 4, 2006, p. 12.

20 Exemplo concreto de como a interpretação da Constituição pelo STF pode influenciar o debate legislativo ocorreu nas discussões sobre a reforma tributária de 2003 (que resultaram na Emenda Constitucional nº 42/03), com a proposta de instituição explícita no texto constitucional da progressividade do ITBI, que chegou a ser aprovada na Câmara dos Deputados, mas foi rejeitada no Senado Federal. No parecer da Comissão de Consti-

que são articulados em forma de argumentos constitucionais contrários às inovações que o grupo majoritário pretende realizar.[21]

Sobre o tema da capacitação institucional do Congresso para a interpretação constitucional há ainda importante trabalho de Elizabeth Garret e Adrian Vermeule, que desenvolvem propostas de ideias que possam melhorar o desempenho do Congresso no trabalho de interpretação constitucional e que possam ser aceitas independentemente do sentido da orientação política que se queira seguir. Algumas destas propostas são: o aperfeiçoamento do sistema de informações que possam municiar os congressistas e a formação de assessorias técnicas compostas por profissionais especializados no estudo de questões constitucionais.[22]

tuição e Justiça e de Redação da Câmara dos Deputados o relator, Deputado Osmar Serraglio, consignou que a modificação do texto constitucional atendia à circunstância do entendimento jurisprudencial do STF na época, *verbis*: "Quanto à progressividade proposta para o ITBI, não se vê óbice constitucional. Há evidente exagero nas suposições de ofensa ao princípio da capacidade contributiva, mesmo porque operações de valor maior ou em lugares mais conspícuos induzem presunção de capacidade contributiva maior. As objeções envolvem estritas questões de mérito. É verdade que o ITBI não é imposto pessoal, nem é imposto patrimonial, funciona mais como um encargo sobre vendas imobiliárias, ou os chamados "direitos de registro". Mas se o constituinte derivado considerou constitucional, precedentemente, a introdução da progressividade no IPTU em razão do valor do imóvel, mesmo contrariando torrencial jurisprudência do Supremo Tribunal Federal nos termos de que a progressividade convém a impostos pessoais, mas não a impostos reais, então, aqui, também não há o que objetar."

21 TUSHNET, Mark. Interpretation in legislatures and courts: incentives and institutional design. In: The least examined branch: the role of legislatures in the constitutional state. Bauman, Richard W.; Kahana, Tsvi. (ed.). Cambridge: Cambridge University Press, 2006, pp. 468-479. Em obra mais recente, Tushnet corrobora tais argumentos. *Weak courts, strong rights:* judicial review and social welfare rights in comparative constitutional law. Princeton: Princeton University Press, 2008, p. 98.

22 GARRETT, Elizabeth; VERMEULE, Adrian. Institutional design of a Thayerian Congress. *Duke Law Journal*, nº 50, 2001, pp. 1277-1333. Na mesma linha, há outro importante estudo que destaca o papel das comissões legislativas do Congresso norte-americano no trabalho de interpretação constitucional. Whittington, Keith E.; Devins, Neal; Hicken, Hutch. The constitu-

É importante observar como o "apego aos valores constitucionais" que se faz presente mesmo no âmbito do Legislativo norte-americano possui estreita relação com a ideia de que os valores constitucionais devem ser considerados no debate político democrático. Habermas faz referências explícitas à denominada "religião cívica" que se desenvolveu na história norte-americana, que constitui exemplo de sociedade que, apesar de sua marcante heterogeneidade cultural, conseguiu admirável nível de estabilidade política em torno dos conceitos fundamentais explicitados na Constituição daquele país.[23] Como ressaltado por Carlos Ruiz Miguel,[24] a Constituição de um país só será verdadeiramente efetiva, quando a noção de respeito aos consensos mínimos traçados pela Constituição estiver de tal forma disseminada que seja capaz até mesmo de prevenir os ataques à Constituição, de forma que os mecanismos de defesa da Constituição, como a jurisdição constitucional, sejam cada vez menos utilizados.

Logo, se o Legislativo brasileiro, já no processo de deliberação de propostas de emendas constitucionais, mantivesse o respeito aos limites materiais ao poder de reforma, tais decisões políticas fundamentais estariam presentes dentro do próprio debate das ideias políticas, qualificando o debate democrático, sem que haja a necessidade da intervenção judicial para reconhecer a inconstitucionalidade de emendas constitucionais.

A definição do conteúdo das cláusulas pétreas fiscais também possui a relevante função de explicitar quais são as decisões políticas fundamentais que o constituinte derivado adotou nesta seara. Tais decisões funcionarão como vetores que devem orientar todo o trabalho de interpretação constitucional neste campo.

---

tion and congressional committees. *The least examined branch*: the role of legislatures in the constitutional state. Bauman, Richard W.; Kahana, Tsvi. (ed.). Cambridge: Cambridge University Press, 2006, pp. 396-410.

23 MAIA, Antônio Cavalcanti. *Jürgen Habermas*: filósofo do direito. Rio de Janeiro: Renovar, 2008, pp. 184/185.

24 MIGUEL, Carlos Ruiz. Patriotismo constitucional. *Cuadernos de pensamiento político*, 3, 2004 , pp. 81-92. FAES-Fundación para el Análisis y los Estudios Sociales, Madrid.

Considerando o grande número de enunciados normativos financeiros e tributários que nossa Constituição possui, não é difícil concluir acerca da importância que tais princípios fundamentais podem exercer na construção da higidez e harmonia da matéria fiscal tratada no seio constitucional.

Sobre o ponto, Luís Roberto Barroso destaca que as cláusulas pétreas desempenham papel mais amplo do que o de simples contenção do poder de reforma constitucional. Justamente por materializarem as decisões políticas essenciais e os valores mais elevados de determinada ordem jurídica, funcionam como princípios fundamentais que orientam a interpretação constitucional, "dando unidade e harmonia ao sistema."[25]

Humberto Ávila também destaca que a instituição das cláusulas pétreas apresenta importante repercussão, pois ao proibir a modificação de determinadas normas, a Constituição acaba atribuindo a elas uma importância maior, ou seja, uma verdadeira "preponderância axiológica" que influencia a própria interpretação do Direito, de modo que a interpretação dos princípios e das regras constitucionais deverá "gravitar" em torno dos princípios fundamentais.[26]

A título exemplificativo, reconhecer a anterioridade tributária como cláusula pétrea[27] evidencia uma decisão política fundamental adotada pelo constituinte na seara tributária. Tal reconhecimento precisa influenciar o Supremo Tribunal Federal na resolução de importantes questões relativas ao alcance da anterioridade tributária, como a superação da "sombria" Súmula 584[28] em relação à anterioridade no imposto sobre a renda, bem como na questão relativa à necessidade de observância da anterioridade na hipótese de revogação de norma de isenção.[29] Não se justifica

25 BARROSO, Luís Roberto. *Curso de direito constitucional contemporâneo*. Os conceitos fundamentais e a construção do novo modelo. São Paulo: Saraiva, 2009, p. 159, nota de rodapé 63.

26 ÁVILA, Humberto. *Segurança Jurídica*: entre permanência, mudança e realização no Direito Tributário. São Paulo: Malheiros, 2011, p. 343.

27 ADIN 939-7 (DJ 18.3.94).

28 A expressão é de GODOI, Marciano Seabra de. *Crítica à jurisprudência atual do STF em matéria tributária*. São Paulo: Dialética, 2011, p. 91.

29 A doutrina amplamente majoritária sustenta a necessidade de observância

que uma regra constitucional seja considerada cláusula pétrea (oponível ao constituinte derivado), mas ao mesmo tempo possa ser relativizada com facilidade por manifestações do legislador ordinário, tal como nas duas situações mencionadas.

Ademais, é impossível ignorar os diversos trabalhos da ciência política brasileira que procuram entender de que forma os questionamentos de leis e de emendas constitucionais por intermédio de ADINs propostas no Supremo Tribunal Federal pela oposição política de momento podem ser entendidos do ponto de vista da estratégia política de judicialização de questões que foram objeto de debate na arena democrática.[30]

Em outros termos, como o sistema de controle de constitucionalidade brasileiro permite o amplo acesso dos partidos políticos ao Supremo Tribunal Federal para o questionamento de constitucionalidade de atos legislativos (inclusive emendas constitucionais), em diversas situações o questionamento da constitucionalidade de emendas constitucionais no STF possui *nítido viés*

da anterioridade na hipótese. Por todos MACHADO, Hugo de Brito. *Curso de Direito Tributário*. 28ª ed., São Paulo: Malheiros, 2007, p. 254.

30 Neste sentido, relevante trabalho de TAYLOR, Matthew M.; Ros, Luciano da. Os Partidos dentro e fora do poder: a judicialização como resultado contingente da estratégia política. *Dados – Revista de Ciências Sociais*, Rio de Janeiro, v. 51, nº 4, 2008, p. 848. Rogério Bastos Arantes e Cláudio Gonçalves Couto desenvolveram importante estudo em que relevam a influência da constitucionalização excessiva de matéria tipicamente relacionadas com a política cotidiana no ambiente político e seus reflexos no Judiciário, concluindo que tal modelo "tende a causar impacto significativo sobre o funcionamento do sistema de justiça, na medida em que o Judiciário, e especialmente seu órgão de cúpula – o Supremo Tribunal Federal (STF) –, passa a ser mais acionado para controlar a constitucionalidade das leis e demais atos normativos, nem sempre relativos a princípios constitucionais fundamentais, mas freqüentemente relativos a políticas públicas." COUTO, Cláudio Gonçalves; ARANTES, Rogério Bastos. Constituição, governo e democracia no Brasil. *Revista Brasileira de Ciências Sociais*, v. 21, nº 61, 2006, p. 44. Cláudio Gonçalves Couto possui outro trabalho em que são discutidos os impactos que a constitucionalização de temas afetos a políticas públicas (que deveriam ser deixados à decisão de maiorias democráticas) ocasiona no espaço político de deliberação. COUTO, Cláudio Gonçalves. Constituição, competição e políticas públicas. *Lua Nova*, nº 35, 2005, pp. 95-135.

*político de inconformidade de minorias legislativas* derrotadas no processo de elaboração de emendas. Não raras vezes, portanto, o STF é chamado a desempenhar a dificílima tarefa de distinguir o que é mero inconformismo de minorias políticas *legitimamente* vencidas na seara legislativa do que é efetiva violação de cláusulas pétreas que justificam a declaração de inconstitucionalidade de emendas pela violação dos consensos mínimos traçados na Constituição.

O presente trabalho procura delinear como os limites do poder de reforma constitucional em matéria tributária e financeira, em relação à forma federativa de Estado e à separação de poderes, desafiam as decisões da jurisdição constitucional brasileira.

## 2. A CLÁUSULA PÉTREA DA "FORMA FEDERATIVA DE ESTADO" (ART. 60, §1° CF) NO DIREITO TRIBUTÁRIO E FINANCEIRO

Amílcar Falcão afirma que seria enganosa a concessão de autonomia a determinado ente político se não lhe fosse assegurado o necessário poder de autodeterminação no que respeita à obtenção dos meios financeiros para a manutenção dos seus serviços.[31] Daí a conclusão do professor da UERJ de que o sistema de discriminação de rendas em uma federação constitui "*uma exaltação, um grau superlativo das autonomias, sobretudo as periféricas, cujo convívio equilibrado com a unidade central se quer assegurar*."[32]

Em linha semelhante, Augusto Zimmermann destaca que a descentralização financeira é peça fundamental para a higidez do federalismo, sendo absolutamente contraproducente que os entes políticos não tenham assegurados os recursos financeiros necessários à realização de seus objetivos particulares.[33] Em outros termos, conforme evidencia Luís Roberto Barroso, é necessário garantir o "*mínimo de auto-suficiência econômica e financeira que*

31 FALCÃO, Amílcar de Araújo. *Introdução ao Direito Tributário*. Rio de Janeiro: Forense, 1994, p. 68.

32 FALCÃO, Amílcar de Araújo. *Sistema tributário brasileiro*. Rio de Janeiro: Financeiras, 1965, p. 12.

33 ZIMMERMANN, Augusto. *Teoria geral do federalismo democrático*. Rio de Janeiro: Lumen Juris, 2005, p. 352

*permita aos estados dispor dos meios pecuniários suficientes à realização de suas funções específicas.*"[34]

A primeira corrente doutrinária defende a necessidade de que a autonomia financeira dos entes federados precisa ser assegurada de forma a garantir um mínimo de *competências tributárias próprias* pelos entes periféricos. Nesta linha, Flávio Bauer Novelli ressalta que a autonomia financeira dos entes políticos na federação possui seu fundamento material na repartição da competência legislativa em matéria tributária, materializada na atribuição, diretamente pela Constituição Federal, de poderes impositivos próprios e de fontes de receita independentes e adequadas.[35] Ricardo Lodi Ribeiro também destaca que apenas pelo exercício de sua própria competência tributária, o Estado membro pode garantir o cumprimento de suas prioridades, que não coincidem necessariamente com as da União nos vários momentos históricos, preservando desse modo sua autonomia em relação ao ente central.[36]

Também Misabel Abreu Machado Derzi destaca que a nota distintiva da forma federal de Estado não está na relativa descentralização financeira, fenômeno que também pode ocorrer em Estados unitários. O que diferencia o federalismo fiscal é a autonomia político-jurídica, segundo a qual se distribui o poder de legislar, especialmente para a criação de tributos, que constitui a maior de todas as manifestações de autonomia política. Ceifar tal competência representaria uma "redução insuportável" em uma federação já profundamente fragilizada como a brasileira.[37] Roque Antônio Carrazza, ao comentar especificamente o art. 60, §4º, I,

---

34 BARROSO, Luís Roberto. *Direito Constitucional brasileiro: o problema da federação.* Rio de Janeiro: Forense, 1982, p. 23.

35 NOVELLI, Flávio Bauer. Norma constitucional inconstitucional? A propósito do art. 2, §2º, da Emenda Constitucional nº 3/93. *Revista de Direito Administrativo* nº 199, 1995, p. 39.

36 RIBEIRO, Ricardo Lodi. Federalismo fiscal e reforma tributária. In: *Temas de Direito Constitucional Tributário.* Rio de Janeiro: Lumen Juris, 2009, pp. 249-266, p. 258.

37 DERZI, Misabel Abreu Machado. Federalismo, estado democrático de direito e imposto sobre o consumo. *Revista de Direito Tributário,* nº 75, 1999, p. 210.

da CF adverte que tal cláusula pétrea não pode ser violada mesmo de modo oblíquo, o que ocorreria pela retirada, por emenda constitucional, da competência tributária dos Estados.[38]

A segunda corrente doutrinária sustenta que a autonomia financeira dos entes federados não precisa ser atingida necessariamente pela garantia do exercício de competências tributárias próprias, sendo possível atingir tal condição por meio de participação nas transferências e repartições das rendas tributárias. Neste sentido, André Eliali sustenta que a autonomia financeira não se atinge exclusivamente pelo nível de arrecadação com tributos próprios, mas também por participação nas transferências e repartições tributárias. Dessa forma, a mudança da divisão de competências tributárias não afetaria o pacto federativo, eis que não haveria, na hipótese, cláusula pétrea.[39] Cristiano Franco Martins, em linha semelhante, destaca que é papel da Constituição Federal assegurar aos membros federados autonomia financeira capaz de materializar suas responsabilidades constitucionais, o que pode se revelar através da competência para instituir tributos ou através de repartição de receitas públicas. O ente federativo teria o direito de participar do sistema tributário nacional de modo a obter recursos suficientes para o regular desempenho de suas atribuições, mas tal participação não ocorreria necessariamente pela instituição de tributos.[40]

Tal divergência doutrinária projeta importantes consequências na definição das cláusulas pétreas relacionadas à questão federativa. Para os defensores da corrente doutrinária que advoga a necessidade de manutenção de competências tributárias próprias aos entes federados, emendas constitucionais que reduzam significativamente a competência tributária de Estados e Municípios serão consideradas atentatórias à cláusula pétrea do art. 60, §4º,

---

38 CARRAZZA, Roque Antônio. *Curso de direito constitucional tributário*. São Paulo: Malheiros, 2009, p. 151.

39 ELIALI, André. *O federalismo fiscal brasileiro e o sistema tributário nacional*. São Paulo: MP Editora, 2005, p. 65.

40 MARTINS, Cristiano Franco Martins. *Princípio federativo e mudança constitucional*. Limites e possibilidades na Constituição brasileira de 1988. Rio de Janeiro: Lumen Juris, 2003, p. 175.

inciso I. Já para os que consideram que a autonomia financeira dos entes periféricos pode ser atingida somente por meio de participação em transferências e pela repartição das rendas tributárias, a violação da cláusula pétrea mencionada somente seria ventilada na hipótese de modificações constitucionais que afetassem as normas financeiras constitucionais que regulam o tema, ao reduzir drasticamente o fluxo de recursos distribuídos aos entes periféricos.

Mesmo sendo adotada a posição doutrinária que defende a preservação de competências tributárias próprias aos entes periféricos, de forma a garantir a higidez do modelo federativo, definir os limites materiais de atuação do constituinte derivado na matéria não é tarefa fácil. Parece perfeitamente viável defender que a violação da cláusula pétrea em exame não ocorreria somente na hipótese de emenda constitucional que viesse extinguir determinado tributo de relevante importância financeira de algum ente periférico.

Poder-se-ia cogitar de violação à cláusula pétrea também em outras hipóteses, tais como a transferência total da competência tributária de determinado tributo da esfera de algum ente periférico para a União, ainda que a capacidade tributária ativa continuasse com os entes periféricos. É o caso da ideia, bastante recorrente em todas as reformas tributárias cogitadas no país, de transferir para a União o poder de instituir uma legislação nacional sobre o ICMS, o que significa na prática transferir a competência tributária do principal imposto dos Estados para a União.[41]

41 Defendendo expressamente a inconstitucionalidade de tal medida por violação à cláusula pétrea prevista no art. 60, §4º, inciso I, da CF, RIBEIRO, Ricardo Lodi. Federalismo fiscal e reforma tributária. In: *Temas de Direito Constitucional Tributário*. Rio de Janeiro: Lumen Juris, 2009, p. 265. A proposta de reforma tributária encaminhada pelo Poder Executivo ao Congresso Nacional (PEC 233/2008) caminha neste sentido, ao propor centralizar a criação do ICMS na competência federal mediante a edição de lei complementar. Dúvidas sobre a constitucionalidade da PEC 233/02008 no ponto em questão já foram suscitadas na doutrina. Ver, por exemplo, ASSUMPÇÃO, Letícia Franco Maculan. A nova proposta de reforma tributária e o pacto federativo. *Revista de Estudos Tributários*, nº 61, 2008, pp. 57-64.

Como se vê, o núcleo essencial da forma federativa de Estado não pode ser definido por critérios formais, sendo fundamental investir em critérios de ordem material para atingir tal objetivo. Logo não será lícito afirmar que determinada emenda constitucional incidiu na proibição ventilada pelo constituinte originário apenas pela circunstância de ter modificado, *formalmente*, enunciado normativo que regula a discriminação das competências tributárias entre os entes da federação ou a repartição das receitas tributárias. Somente haverá violação à cláusula pétrea mencionada na hipótese de ser afetado o *núcleo essencial* do princípio federativo, conforme ensina a doutrina constitucionalista majoritária.[42] Deste modo, seria inconstitucional emenda que tentasse retirar dos entes menores tal competência, ao menos naquelas hipóteses em que restasse evidenciado que a perda da arrecadação com o tributo próprio extinto fosse capaz de tornar o ente político menor completamente dependente do Governo Central.

Nesta linha, a defesa da constitucionalidade da EC 3/93 no ponto em que extinguiu, a partir do exercício de 1996, o imposto denominado adicional de imposto de renda (previsto no art. 155, II, do texto constitucional original), de competência dos Estados e o imposto sobre vendas a varejo de combustíveis líquidos e gasosos (exceto óleo diesel), previsto no art. 156, III, do texto promulgado em outubro de 1988, de competência dos Municípios, poderia ser sustentada com base na constatação de que tais impostos não significavam parcela significativa da arrecadação tributária dos entes menores, visto que a modificação manteve na esfera de competência dos entes federados impostos de arrecadação muito mais significativa, como o ICMS e o ISS.

Embora a extinção dos mencionados impostos não tenha suscitado grandes questionamentos na doutrina, não se pode deixar de mencionar que tal extinção sem que tenha havido qualquer tipo de compensação financeira a Estados e Municípios, que perderam fontes de receita sem a respectiva diminuição de suas atribuições constitucionais, colaborou para o enfraquecimento do federalis-

42 BARROSO, Luís Roberto. *Curso de direito constitucional contemporâneo*. Os conceitos fundamentais e a construção do novo modelo. São Paulo: Saraiva, 2009, p. 172.

mo fiscal brasileiro, reforçando a concentração de receitas para a União e, ao menos, *tangenciando* a cláusula pétrea que impede o constituinte derivado de editar emendas que ofendam o federalismo (art. 60, §4º, inciso I).

No caso da extinção do IVVC, de competência municipal, há um fator relevante que merece reflexão à luz do federalismo fiscal. Trata-se da criação, anos depois, por meio da Emenda Constitucional 33/01, da contribuição de intervenção sobre o domínio econômico (CIDE-combustíveis), que incide sobre o petróleo e seus derivados, gás natural e seus derivados e álcool combustível, ou seja, praticamente a mesma hipótese de incidência do extinto IVVC. Essa circunstância comprova o quadro de enfraquecimento da federação e de concentração de receitas para a União, pois houve a subtração de um tributo municipal para, em seguida, instituir uma contribuição federal incidente sobre os mesmos produtos sobre os quais era cobrado o extinto imposto.[43]

Outra limitação constitucional questionável imposta por emenda constitucional a tributo de competência municipal ocorreu com o escopo principal de combater a guerra fiscal entre os municípios. A EC nº 37/02 alterou o art. 156 da CF, estabelecendo que caberia à lei complementar fixar as alíquotas mínimas e máximas do imposto, além de regular a forma de concessão de isenções, incentivos e benefícios fiscais. Foi ainda acrescentado o art. 88 ao ADCT para estabelecer que enquanto a lei complementar não disciplinar tais questões o imposto teria a alíquota mínima de dois por cento,[44] bem como não seria objeto de concessão de isenções, incentivos e benefícios fiscais, que resulte, direta ou indiretamente, na redução da alíquota mínima estabelecida.

A doutrina suscitou intensas dúvidas sobre a compatibilidade de tais inovações constitucionais com a cláusula pétrea prevista no art. 60, §4º, inciso I, que impede a promulgação de emenda tendente a abolir a forma federativa de estado. Alexandre Bleggi

---

43 ABRAHAM, Marcus. *As Emendas constitucionais tributárias e os vinte anos da Constituição Federal de 1988.* São Paulo: Quartier Latin, 2009, p. 75.

44 Exceto para os serviços a que se referem os itens 32, 33 e 34 da Lista de Serviços anexa ao Decreto-Lei nº 406, de 31 de dezembro de 1968.

Araujo,[45] Eduardo Fortunato Bim,[46] José Eduardo Soares de Melo,[47] Kiyoshi Harada[48] e Aires F. Barreto[49] sustentam que tais limitações impostas ao Município são inconstitucionais por violação da mencionada cláusula pétrea.

A consideração da explícita limitação ao poder de reforma constitucional, ainda que não seja capaz de provocar o juízo de inconstitucionalidade da Emenda 37/02 no ponto ressaltado, pode auxiliar a jurisdição constitucional no trabalho de construção de *interpretação conforme à constituição* para que a limitação da competência tributária municipal só seja admitida nas hipóteses de verdadeiro potencial de disputa entre Municípios da mesma base econômica (guerra fiscal). Assim, a limitação seria inaplicável nas hipóteses em que tal cenário não se verifica, como no caso da definição da competência tributária pelo local da prestação do serviço (incisos do art. 3º da LC 116/03).[50]

Idêntico raciocínio pode ser aplicado para questionar a inovação trazida pela EC 42/03, ao estabelecer a competência do Senado Federal para estabelecer alíquotas mínimas para o IPVA (art. 155, §6º, inciso I). Não se pode esquecer que os demais dispositivos constitucionais que estabeleceram tais limitações ao exercício da competência tributária estadual foram estabelecidos

45 ARAUJO, Alexandre Bleggi. Imposto sobre serviços (ISS): inconstitucionalidade das limitações ao poder de tributar municipal impostas pela Emenda Constitucional nº 37/02. *Revista Dialética de Direito Tributário*, v. 91, 2003, pp. 7-24.

46 BIM, Eduardo Fortunato. A inconstitucionalidade da alíquota mínima para o ISS: a violação do pacto federativo pela EC nº 37/02. *Revista Dialética de Direito Tributário*, v. 94, 2003, pp. 22-37.

47 MELO, José Eduardo Soares de. Questões Atuais do ISS. *Revista de Estudos Tributários*, nº 31, 2003, pp. 135-136.

48 HARADA, Kiyoshi. Imposto sobre Serviços: polêmica sobre alíquotas máximas e mínimas. *Revista de Direito da Procuradoria Geral da Câmara Municipal do Rio de Janeiro*, v. 10, nº 15, 2006, p. 86.

49 BARRETO, Aires F. *Curso de direito tributário municipal*. São Paulo: Saraiva, 2009, p. 452.

50 Nesta linha, RIBEIRO, Ricardo Lodi. Paternalismo federativo e a competência para a concessão de benefícios fiscais no ICMS e no ISS. *Revista Fórum de Direito Tributário*, Belo Horizonte, v. 10, nº 59, 2012, p. 147.

pelo constituinte originário em relação ao ICMS (art. 155, §3º) e ao ITCD (art. 155, §1º), o que torna questionável a possibilidade de conferir o mesmo poder de limitação da autonomia tributária estadual pelo constituinte derivado.

Ao exercer o controle de constitucionalidade de emendas constitucionais em face da limitação material do princípio federativo (art. 60, §4º, I, CF), o Supremo Tribunal Federal funcionará como verdadeiro árbitro da federação, e terá excelentes oportunidades para fomentar o debate em torno do federalismo fiscal. Na maioria das federações, o Judiciário, e em particular os tribunais superiores ou as cortes constitucionais, constitui a instância jurídica mais alta para a resolução de disputas envolvendo a Constituição,[51] considerando a tendência atual de ampliação em demasia das denominadas normas centrais da Constituição ou de fixação de normas simétricas absolutas, favorecendo o Governo Central. [52]

Os dados empíricos provenientes da ciência política brasileiro não militam a favor da conclusão de que o Supremo Tribunal Federal estaria privilegiando as entidades federativas menores nas pendências com a União Federal em relação à afirmação das autonomias locais. Vanessa Elias de Oliveira analisou dados relativos a ações diretas de inconstitucionalidade propostas pelos governos estaduais e pelo Governo Federal e demonstrou que certa o entendimento do STF continua sendo no sentido da centralização do sistema federativo brasileiro, especialmente em matéria de regulação econômica do setor público e política tributária, tornando os estados "*perdedores reiterados no jogo do cabo de guerra federativo*."[53]

Contudo, não se deve deixar de ressaltar que o STF adotou histórica relativa ao federalismo fiscal, ao reconhecer a inconstitucionalidade da LC 62/89, que estabeleceu critérios para o ra-

---

51 ANDERSON, George. *Federalismo*: uma introdução. Rio de Janeiro: Editora FGV, 2009, p. 81.

52 BERNARDES, Wilba Lúcia Maia. *Federação e federalismo*. Belo Horizonte: Del Rey, 2010, p. 261.

53 OLIVEIRA, Vanessa Elias de. Poder Judiciário: árbitro dos conflitos constitucionais entre Estados e União. *Lua Nova*, v. 78, 2009, pp. 223-250.

teio de recursos do Fundo de Participação dos Estados (ADI 810, DJ 29/04/2010), reconhecendo sua vigência até 31/12/2012. Somente após a ampla repercussão na classe política, novos critérios de rateio do FPE foram adotados na Lei Complementar 143 de julho de 2013.

Assim, ao decidir acerca da constitucionalidade de emendas em face do limite previsto no art. 60, I, CF, o STF possui singular oportunidade de exercer a jurisdição constitucional para obrigar que a questão federativa seja mantida na agenda política das instâncias democráticas e que soluções sejam construídas a partir de parâmetros que respeitem as decisões fundamentais da ordem constitucional inaugurada em 1988.

Nesta linha, do ponto de vista da garantia do federalismo fiscal, foi importantíssima a decisão proferida pelo Supremo Tribunal Federal na ADIN 939-7 (DJ 18.3.94, Rel. Min. Sidney Sanches), no qual restou assentada a inconstitucionalidade do art. 2º da EC 3/93 que instituiu o Imposto provisório sobre Movimentações Financeiras (IPMF) e estabeleceu que ao novo tributo não seria aplicável o princípio da imunidade recíproca (art. 150, VI, alínea "a"), pela evidente violação da cláusula pétrea prevista no art. 60, §4º, inciso I, da CF. Com efeito, a imunidade recíproca é uma das manifestações mais evidentes da forma federativa de Estado protegida pela cláusula pétrea em exame.

O exercício da jurisdição constitucional tem como efeito forçar o Congresso a levar em consideração, quando da elaboração das leis, aspectos de interpretação constitucional. Em outros termos, no processo legislativo, os parâmetros estabelecidos pela jurisdição constitucional podem influenciar decisivamente a forma de elaboração das leis.[54]

Para exemplificar tal afirmação, J. Mitchell Pickerill pesquisou dados relativos ao federalismo no direito norte-americano. Concluiu no sentido de que, enquanto perdurou na Suprema Corte uma postura de significativa deferência judicial às decisões do Congresso, ou seja, de pouco exercício efetivo da *judicial review* (o que se verificou entre meados da década de 30 e início da década

54 PICKERILL, *J. Mitchell. Constitutional deliberation in Congress. Durham, NC: Duke University Press,* 2004, p. 27.

de 90), os debates constitucionais em torno da questão federalista praticamente desapareceram no âmbito do Congresso. Somente quando a Corte passou a exercer de forma mais atuante a *judicial review* (a partir da década de 1990) os debates constitucionais em torno do tema foram intensificados.[55]

Na doutrina brasileira, a mudança de postura da Suprema Corte a partir do início da década de 90 no tema do federalismo foi bem detalhada por Marcelo Labanca Corrêa Araújo. Destacando que a corte de Rehnquist estabeleceu novo desenho das fronteiras federativas, dando início ao que se convencionou chamar revolução federalista na Corte de Rehnquist, a partir do reconhecimento acerca da necessidade de a União não tinha realmente, no momento passado, limites ao poder de dispor sobre matérias diversas à luz da cláusula de comércio, o que enfraquecia o federalismo fiscal daquele país.[56]

Nesta linha, a construção da cláusula pétrea do federalismo não pode ignorar que cada fissura no sistema de competências tributárias próprias de Estados e Municípios reduz suas verdadeiras autonomias financeiras, pois colabora para que as finanças locais fiquem cada vez mais dependentes das transferências voluntárias do Governo Federal (art. 25 da Lei Complementar nº 101/00), nas quais os critérios políticos e partidários são decisivos para sua implementação, o que praticamente obrigaria que os entes menores tivessem vinculação política ao Chefe do Executivo Federal. Ora, trata-se do cenário *exatamente oposto* que a Constituição de 1988 procurou configurar ao ampliar a autonomia financeira de Estados e Municípios.

Paulo Bonavides destaca que a fase atual do federalismo brasileiro pode ser denominada pela expressão "federalismo de subordinação", tamanha a dependência de Estados e Municípios em

---

55 *Ibid.*, p. 131. Conclusão semelhante pode ser encontrada em WHITTINGTON, Keith E. DEVINS, Neal; HICKEN, Hutch. The Constitution and congressional committees. *In*: BAUMAN, Richard W.; KAHANA, Tsvi (Eds.). *The least examined branch*: the role of legislatures in the constitutional state. Cambridge: Cambridge University Press, 2006, p. 401.

56 ARAÚJO, Marcelo Labanca Corrêa. *Jurisdição constitucional e federação*. Rio de Janeiro: Elsevier, 2009, p. 55.

relação a recursos federais, especialmente decorrentes de transferências voluntárias. Tal modelo promove intenso relacionamento do Executivo federal com os Executivos estaduais, e tende facilmente a instrumentalizar e politizar a sujeição ou dependência dos entes menores em relação ao Executivo federal, debilitando ainda a participação do Congresso Nacional e dos Poderes Legislativos locais.[57]

A dependência excessiva dos entes federativos menores das transferências voluntárias federais e os problemas políticos relacionados a tal cenário já foram discutidos desde a conclusão da Comissão Parlamentar de Inquérito concluída em 1994 para apurar denúncias envolvendo o orçamento federal (CPI do Orçamento). No Relatório Final da Comissão foi criada uma seção especial com o título "Limitação das transferências federais voluntárias", no qual se aduziu que a CF de 1988 "não teve o bom senso de proibir as transferências voluntárias ou definir impositivamente as responsabilidades e obrigações de cada uma das três esferas do Estado.[58] Já se cogitou inclusive, recentemente, de Proposta de Emenda Constitucional para vedar transferências voluntárias, incorporando aos Fundos de Participação dos Estados e do Distrito Federal, e dos Municípios valores atualmente distribuídos pela União a título de transferências voluntárias.[59]

Nesta linha, a modificação efetuada no art. 160 da CF 88 pela Emenda Constitucional nº 3/93 e, posteriormente, pela Emenda Constitucional nº 29/00 também merece ser questionada à luz da cláusula pétrea prevista no art. 60, §4º, inciso I da CF. O *caput* do art. 160, que permanece com sua redação original, aduz ser vedada a retenção ou qualquer restrição à entrega e ao emprego dos recursos atribuídos, na seção relativa à repartição das receitas tributárias, aos Estados, ao Distrito Federal e aos Municípios. Já o parágrafo único, na redação de 1988, esclarecia que "*essa vedação*

57 BONAVIDES, Paulo. *A Constituição aberta*. São Paulo: Malheiros, 2004, p. 234.

58 Relatório Final da CPI DO ORÇAMENTO – 1994 (Brasília: Centro Gráfico do Senado Federal, 1994, v. III, p. 17).

59 PEC 45/2006 (Senador Almeida Lima PMDB-S). Proposta arquivada em 11/03/2011.

*não impede a União de condicionar a entrega de recursos ao pagamento de seus créditos.*"

O dispositivo, especialmente a regra do parágrafo único, sempre foi objeto de crítica pela doutrina brasileira, pois admitir que a União possa condicionar a entrega de recursos decorrentes da repartição de receitas tributárias aos entes menores ao pagamento de seus créditos pode comprometer a autonomia financeira de Estados e Municípios que é afirmada no mesmo dispositivo, pela regra contida no *caput*. Além disso, como ressalta Rogério Leite Lobo, a regra viola princípio fundamental do federalismo que é a isonomia das unidades da federação, pois tal prerrogativa só cabe à União Federal.[60] Nesta linha, a doutrina advoga a necessidade de interpretação restritiva da regra do parágrafo único do art. 160 da CF, como única forma a compatibilizá-lo com os institutos do federalismo fiscal elaborados em 1988.[61]

Luís Roberto Barroso produziu relevante trabalho buscando estabelecer limites rígidos na aplicação do dispositivo, que podem ser sistematizados em quatro tópicos: 1) somente créditos de titularidade direta e originária da União e de suas autarquias podem ensejar a retenção; 2) impossibilidade de retenção na pendência de disputa administrativa ou judicial sobre o crédito (observância do devido processo legal); 3) Observância das regras de planejamento orçamentário (União Federal deve avisar com antecedência a retenção dos recursos - aplicação analógica da regra de precatórios - art. 100 - 1º de julho para inclusão no exercício financeiro seguinte); 4) retenção não pode inviabilizar as obrigações constitucionais dos Estados, como recursos obrigatórios com saúde, educação, repasses ao Legislativo e Judiciário, transferências obrigatórias para Município, despesas com pessoal, precatórios de natureza alimentar.[62]

---

60 LOBO, Rogério Leite. *Federalismo fiscal brasileiro*: discriminação das rendas tributárias e centralidade normativa. Rio de Janeiro: Lumen Juris, 2006, p. 156.

61 CONTI, José Maurício. *Federalismo fiscal e fundos de participação*. São Paulo: Juarez de Oliveira, 2001, p. 157.

62 BARROSO, Luís Roberto. Parecer nº 01/2009. Sentido e alcance do parágrafo único do art. 160 da Constituição: parâmetros para a retenção de

Em relação ao tema das cláusulas pétreas, embora não seja possível cogitar de inconstitucionalidade da redação original do parágrafo único do art. 160, visto que se trata de norma emanada do próprio *constituinte originário*, o mesmo não se pode dizer das redações conferidas a tal dispositivo pela EC 3/93 (que ampliou a possibilidade de retenção de recursos decorrentes de repartições pelos Estados e suas autarquias, bem como pela União em razão de créditos de suas autarquias) *e pela EC 29/00* (que permitiu a retenção de recursos no caso de descumprimento pelo ente dos percentuais de aplicação de recursos em saúde previstos no art. 198 da CF 88). Com efeito, as razões aduzidas em favor da garantia da autonomia financeira dos entes políticos da federação indicam que a ampliação pelo constituinte derivado de uma regra que se encontra em desarmonia com tal objetivo esbarra na vedação do art. 60, §4º, inciso I da CF.

Por fim, é mister aduzir que o reforço da cláusula pétrea do federalismo em matéria tributária também encontra respaldo na tradição da doutrina brasileira tributária de associar o federalismo ao fortalecimento dos próprios direitos fundamentais e do princípio republicano, considerando a história brasileira.

Geraldo Ataliba ressalta que a relação íntima entre república e federalismo desde a promulgação da Constituição de 1988. Em relação ao Município, Ataliba ressaltava que o ideal republicano de representatividade política se realizada em maior extensão nos entes locais, pela eficácia da fiscalização sobre os governantes e o controle próximo dos mandatários pelos eleitores.[63] Ricardo Lobo Torres, discorrendo acerca da imunidade recíproca, aduz que sua causa profunda está na proteção da liberdade individual, pois se "*correlacionam intimamente os direitos da liberdade e o federalismo*". Como o poder fiscal possui grande aptidão para ofender e restringir a liberdade do cidadão, apenas o seu fracionamento

receitas estaduais pela União Federal. *Revista de Direito da Procuradoria Geral do Estado do Rio de Janeiro*, nº 64, 2010.

63 ATALIBA, Geraldo. *República e Constituição*. São Paulo: Malheiros, 2004, p. 43.

por diferentes esferas de governo pode *"limitar-lhe o exercício e garantir os direitos fundamentais."*[64]

## 3. A CLÁUSULA PÉTREA DA SEPARAÇÃO DE PODERES (ART. 60, §4°, INCISO III) EM MATÉRIA TRIBUTÁRIA

A tentativa de delimitação das cláusulas pétreas tributárias relacionadas ao art. 60, §4º, inciso III, da CF com fulcro em critérios meramente formais também será fatalmente frustrada.[65] Não cabe interpretar o dispositivo de modo a concluir no sentido da impossibilidade de modificações formais nos dispositivos que tratam da separação de poderes. Assim, a cláusula pétrea só será violada se o constituinte derivado atentar contra o *conteúdo essencial* do referido princípio.

Embora a técnica da especialização funcional possa sugerir que cada um dos poderes desenvolva de modo isolado sua função típica, de forma que a interferência de um poder sobre outro deveria ser rejeitada, essa ideia não se sustenta à luz das experiências contemporâneas. O Legislativo pode, por exemplo, optar por delegar conscientemente ao intérprete (agente judicial ou administrativo) certa liberdade na definição de alguns aspectos da questão à luz das especificidades do caso concreto. Assim, é inegável que a linha divisória entre os campos de atuação de legisladores, administradores e juízes tornou-se bastante cinzenta.[66] Na ciência política brasileira, é possível vislumbrar conclusão semelhante em Matthew M. Taylor, ao aduzir que "embora o conceito da separação dos poderes conduza a três instituições claramente distintas, as funções judiciais, legislativas e executivas dessas instituições

---

64 TORRES, Ricardo Lobo. *Tratado de direito constitucional financeiro e tributário*, vol. III. Rio de Janeiro: Renovar, 2005, p. 236.

65 OLIVEIRA, Gustavo da Gama Vital de. Alguns parâmetros para a densificação das cláusulas pétreas tributárias e financeiras. *Revista Fórum de Direito Tributário*, v. 48, 2010, pp. 127-146.

66 KAGAN, Robert A. American courts and the policy dialogue: the role of adversarial legalism. *In:* MILLER, Mark C.; _____ (Eds.). *Making policy, making law: an interbranch perspective. Washington, D.C.: Georgetown University Press,* 2004, p. 13.

não são caprichosamente separadas em nítidas caixas institucionais como às vezes supomos." [67]

No campo da tributação, a separação de poderes projeta relevantes efeitos, pois materializa a distribuição do poder tributário estatal entre o Executivo (poder de administrar tributos), Legislativo (poder de legislar sobre tributos) e Judiciário (controle jurisdicional sobre tributos). A lição de Ricardo Lobo Torres é precisa:

> O importante é considerar que a Constituição Tributária é um subsistema ao lado da Constituição Política, donde se segue que o poder tributário se harmoniza com o político dentro do mesmo sistema constitucional e, como este, se distribui entre o Legislativo, o Executivo e o Judiciário. Não se trata de um poder independente, com a sua própria divisão, mas de um poder substancial que, com os demais poderes regulados pela Constituição sofre a mesma limitação através do mecanismo da separação das funções de legislar, administrar e julgar e de sua distribuição a órgãos diferentes.[68]

O trabalho de definição das cláusulas pétreas tributárias e financeiras com fulcro no art. 60, §4º, III, da CF, deve passar, portanto, pela definição do grau de restrição das competências típicas e da independência orgânica de cada poder sem ferir o núcleo essencial da separação de poderes, seja em sua dimensão negativa, ligada à noção da necessidade de impedir o arbítrio de um dos poderes, ou ainda em sua faceta positiva, que advoga a adoção de uma postura de cooperação recíproca entre os três poderes para a manutenção do Estado Democrático.

Assim, no campo tributário, será lícito questionar a constitucionalidade de emenda constitucional que procure esvaziar completamente a função típica do Executivo de praticar atos ligados à administração tributária. Da mesma forma, é questionável a possibilidade de emenda constitucional que procure retirar a função

67 TAYLOR, Matthew M. O Judiciário e as políticas públicas no Brasil. *Dados*: Revista de Ciências Sociais. Rio de Janeiro: Instituto Universitário de Pesquisas do Rio de Janeiro (IUPERJ), v. 50, 2007, p. 249.

68 TORRES, Ricardo Lobo. *Tratado de direito constitucional financeiro e tributário*, vol. I. Rio de Janeiro: Renovar, 2009, p. 397.

típica do Judiciário de definição acerca da constitucionalidade de tributos à luz do ordenamento constitucional vigente à época.

É fato que são comuns na seara tributária emendas constitucionais editadas com nítido viés de correção legislativa da jurisprudência. O reconhecimento da legitimidade do Poder Legislativo como um dos intérpretes da Constituição afasta a possível alegação de que a emenda constitucional de cunho corretivo de jurisprudência, independentemente de seu conteúdo e pelo simples fato de ser portadora dessa qualidade, seria inconstitucional, por violação ao princípio da separação de poderes consagrado como cláusula pétrea no art. 60, § 4º, inc. III da CF, sob o argumento de que implicaria a invasão pelo Legislativo de seara própria do Poder Judiciário.

Em verdade, a constitucionalidade de emendas que pretendam corrigir entendimento jurisprudencial deve ser aferida em relação a seu conteúdo e com base nos parâmetros comuns relativos ao controle de constitucionalidade de todas as emendas ao texto - ou seja - o art. 60 da CF, especialmente o parágrafo quarto que abriga as cláusulas pétreas.[69] Caso a questão tratada pela emenda constitucional que pretenda superar entendimento jurisprudencial consolidado não suscite violação de cláusula pétrea, não há motivo legítimo para que o Tribunal invalide a emenda constitucional. Entendimento contrário conferiria ao já extenso texto constitucional de 1988 um grau de rigidez bastante elevado, retirando das maiorias democráticas o poder de decisão sobre diversas matérias, o que comprometeria de forma significativa o desempenho da democracia.[70]

Todavia, embora seja legítimo que o Legislativo modifique o texto constitucional com o objetivo de mudar o tratamento conferido à questão pelo Judiciário (desde que observados todos os li-

---

69 OLIVEIRA, Gustavo da Gama Vital de. *Direito tributário e diálogo constitucional*. Niterói: Impetus, 2013.

70 SOUZA NETO, Cláudio Pereira. Consenso constitucional, neutralidade política e razão pública: elementos de teoria da constituição em Rawls. In: SARMENTO, Daniel; GALDINO, Flávio. (Org.). *Direitos fundamentais*: estudos em homenagem ao Professor Ricardo Lobo Torres. Rio de Janeiro: Renovar, 2006. p. 190.

mites ao poder de reforma), a *emenda constitucional corretiva não pode pretender implementar de forma retroativa o entendimento que quer fazer prevalecer*, visto que nessa hipótese, incidiria em violação a uma função exclusiva do Judiciário que é a definição do entendimento acerca da interpretação da Constituição durante a vigência de determinado texto constitucional para julgar em definitivo a validade de determinado tributo.

Um exemplo prático pode explicar o raciocínio. O STF firmou entendimento no sentido de que o serviço de iluminação pública não poderia ser custeado por intermédio de taxa, em razão de constituir serviço inespecífico e indivisível. A EC nº 39/2002, de nítido caráter corretivo da jurisprudência, possibilitou que os Municípios instituíssem contribuição para o custeio do serviço de iluminação pública. A nosso sentir, não deve prosperar o entendimento de que a Emenda seria inconstitucional *apenas* por ter modificado interpretação já conferida ao tema pelo STF, ferindo dessa forma o art. 60, §3º, III da CF.[71] Isto porque ao emendar o texto constitucional o Legislativo exerceu de forma legítima sua função típica que é *legislar sobre tributos*.

Todavia, não pode ser permitido ao Legislativo o poder de definir qual o sentido do texto constitucional modificado, pois se trata de função típica do Judiciário. Em outros termos, emenda constitucional de cunho corretivo só pode ter a pretensão de disciplinar o tema de modo "ex nunc". Isso não impede, por óbvio, que o próprio Tribunal Constitucional, após a edição da emenda corretiva, possa revisitar a questão e *ele próprio* modificar o entendimento jurisprudencial que gerou a reação legislativa, de modo a acolher a maneira como o tema foi regulado, mesmo para casos anteriores à edição da emenda constitucional.

Desta forma, no exemplo mencionado, se a Emenda Constitucional nº 39/02, além de instituir a possibilidade de cobrança da COSIP, determinasse que seriam convalidadas todas as taxas de iluminação pública (declaradas inconstitucionais pelo STF à luz do texto constitucional vigente na época), ofenderia a cláusula pétrea do art. 60, §4º, inciso III, visto que iria aniquilar a

71 Cf. COSTA, Regina Helena. *Curso de direito tributário*: Constituição e Código Tributário Nacional. São Paulo: Saraiva, 2009, p. 139.

eficácia de atividade que compõe o núcleo essencial das funções do Judiciário, que é o controle jurisdicional acerca da constitucionalidade de tributos de acordo com a interpretação do texto constitucional vigente em cada época.

A questão pode ainda ser abordada sob o prisma da possibilidade da denominada "interpretação autêntica" no âmbito da Constituição. Como destaca Luís Roberto Barroso, para que uma interpretação constitucional pudesse ser considerada verdadeiramente autêntica deveria emanar da mesma fonte instituidora, que é o poder constituinte originário, o que não se afigura possível, pois uma vez concluída sua obra tal poder volta ao estado latente e difuso. Ademais, por força do art. 60, § 4º, IV, emendas constitucionais sofrem a limitação da regra do art. 5º, inciso XXXVI, que estabelece a impossibilidade de se ferir o ato jurídico perfeito, a coisa julgada e o direito adquirido.[72]

## 3.1. A inconstitucionalidade do art. 4° da EC 42/03

Nesta linha de raciocínio, é possível *afirmar que o art. 4º da Emenda Constitucional nº 42/03 viola a cláusula pétrea da separação de poderes* no campo da tributação.

A EC 31/00 autorizou a criação do Fundo de combate e erradicação da pobreza. O art. 82 do ADCT, acrescentado pela referida emenda, autorizou a criação pelos Estados de fundo estadual que seria composto, dentre outras receitas, de um adicional de até dois por cento sobre produtos e serviços supérfluos. O art. 83, acrescentado pela mesma emenda ao ADCT, estabeleceu que "*lei federal definirá os produtos e serviços supérfluos a que se referem os arts. 80, inciso II, e 82, §§ 1º e 2º.*"

A LC 111/01 instituiu o fundo em nível federal e não dispôs acerca da definição dos produtos e serviços supérfluos que poderiam atrair a incidência do adicional do ICMS se os Estados criassem seus próprios fundos. Mesmo sem a existência de lei federal que traria a definição de produtos e serviços supérfluos, alguns Estados editaram leis criando o fundo e definindo quais os pro-

72 BARROSO, Luís Roberto. *Interpretação e aplicação da Constituição*. São Paulo: Saraiva, 2008, p. 119.

dutos e serviços seriam considerados supérfluos para justificar a incidência do adicional do ICMS. Esse foi o caso do Estado do Rio de Janeiro, que editou a lei fluminense nº 4.056/02.

Ocorre que as leis estaduais que definiram produtos e serviços supérfluos para incidência do adicional de ICMS eram inconstitucionais, pois não obedeceram ao comando explícito do art. 83 do ADCT, incluído pela EC 31/00, que exigia a edição de lei federal para tal finalidade.

A Emenda Constitucional nº 42/03, em seu art. 4º, trouxe norma que pretendia claramente "convalidar" a inconstitucionalidade de leis estaduais:[73]

> Art. 4º Os adicionais criados pelos Estados e pelo Distrito Federal até a data da promulgação desta Emenda, *naquilo em que estiverem em desacordo com o previsto nesta Emenda, na Emenda Constitucional nº 31, de 14 de dezembro de 2000*, ou na lei complementar de que trata o art. 155, § 2º, XII, da Constituição, terão vigência, no máximo, até o prazo previsto no art. 79 do Ato das Disposições Constitucionais Transitórias.

Assim, norma emanada do constituinte derivado, embora reconhecendo a inconstitucionalidade dos adicionais de ICMS criados pelos Estados em desacordo com os critérios da EC 31/00, reconheceu a sua vigência até o ano de 2010 (prazo previsto no art. 79 do ADCT, prorrogado por tempo indeterminado pela EC 67/10). Deste modo o constituinte derivado violou o art. 60, §4º, III, pois buscou exercer função exclusiva do Judiciário que é a definição do entendimento acerca da interpretação da Constituição durante a vigência de determinado texto constitucional.

É de se notar que nada impediria que o Judiciário decidisse pela constitucionalidade dos adicionais de ICMS instituídos pelos Estados, mesmo sem a edição da lei federal mencionada na EC 31/00. Embora tal entendimento seja de dificílima conciliação com o teor literal do art. 83 do ADCT, ainda assim estaria sendo

73 TORRES, Ricardo Lobo. *Tratado de direito constitucional financeiro e tributário*, vol. V. Rio de Janeiro: Renovar, 2008, p. 344: "A EC 42, de 19.12.2003, de modo absolutamente anômalo, convalidou os adicionais criados pelos Estados e pelo Distrito Federal, apesar de inconstitucionais."

assegurada ao Judiciário sua prerrogativa de definir a constitucionalidade de tributos à luz do texto constitucional vigente na época da criação da exação. O que não se pode admitir é que o Legislativo procure impor, ainda que por emenda constitucional, o entendimento se determinado tributo criado no passado é constitucional ou inconstitucional e ainda estabeleça prazo para a sua cobrança.

Note-se que a lógica defendida nesse raciocínio *não opera somente a favor do contribuinte*, mas também pode operar a favor do Fisco em outras situações. Seria igualmente vedada, pela cláusula pétrea do art. 60, §4º, III, da CF, a possibilidade de o Legislativo editar emenda constitucional que estabelecesse o *reconhecimento explícito de inconstitucionalidade* de determinado tributo editado com base em texto constitucional passado. Isto porque, repita-se, o juízo acerca da constitucionalidade ou inconstitucionalidade de determinado tributo à luz do ordenamento constitucional vigente na sua data de criação é *função que compõe o núcleo imodificável das tarefas atribuídas ao Judiciário* no Estado fiscal.

Não se pode dizer ainda que a criação do adicional do ICMS pelos Estados, mesmo na falta de lei federal que trouxesse a definição de produtos supérfluos, estaria legitimada pela competência tributária própria do Estado de aumentar a alíquota do ICMS. Isto porque estando o produto da arrecadação do referido adicional afetado pela lei estadual ao fundo de combate à pobreza, incorreria em violação ao princípio da não afetação dos impostos (art. 167, IV, da CF).[74]

A doutrina tributária já se pronunciou acerca da inconstitucionalidade do art. 4º da Emenda constitucional 42/03. Nesta linha, aduz Ricardo Lodi Ribeiro:

> Prova maior da inconstitucionalidade apontada é a edição do art. 4º da EC nº 42/03 que, embora reconhecendo a contrariedade à Constituição do fundo em questão, autoriza sua cobrança até o fim do seu prazo, conforme fixado originalmente pela EC 31/00. Esse estranho caso de constitucionalização de tributo inconstitucional por emenda constitucional, encontra, neste caso, o obstáculo intranspo-

74 Neste sentido, RIBEIRO, Ricardo Lodi. *A segurança jurídica do contribuinte*: legalidade, não-surpresa e proteção à confiança legítima. Rio de Janeiro: Lumen Juris, 2009, p. 171.

> nível da violação que a disciplina legal estadual perpetrou ao princípio da legalidade, que constitui cláusula pétrea, de acordo com o art. 60, §4º, IV, CF.[75]

Leonardo Pietro Antonelli também aduziu que "*a prevalecer esta possibilidade, nunca mais teremos inconstitucionalidades no Direito brasileiro, pois sempre haverá a possibilidade de o Congresso Nacional convalidar normas inconstitucionais* (...)".[76] José Luis Ribeiro Brazuna destaca ser inaceitável que o constituinte derivado tenha pretendido constitucionalizar os fundos e adicionais de ICMS que tenham sido criados de maneira ilegal ou inconstitucional.[77] Marcelo Leonardo Cristiano também promoveu defesa contundente a favor da inconstitucionalidade do art. 4º da EC 42/03.[78]

O Supremo Tribunal Federal teve que enfrentar o tema ao julgar a ADIN 2869, proposta em 2003 na vigência da EC 31/01, mas antes da promulgação da EC 42/03, que questionou a constitucionalidade da lei fluminense que instituiu os adicionais de ICMS para composição do fundo estadual de combate à pobreza.

O Ministro Carlos Britto, relator do feito, extinguiu a ação direta de inconstitucionalidade, pela perda do objeto, em razão do consolidado entendimento jurisprudencial de que não se admite o controle concentrado de constitucionalidade de lei em face de texto constitucional que não estava mais em vigor em função de revogação ou substancial alteração. Embora tal fundamento fosse suficiente para a extinção da ação, o Ministro Carlos Britto teceu considerações, com nítido caráter de *obter dictum*,[79] que se incli-

---

75 Ibid. p. 171.

76 ANTONELLI, Leonardo Pietro. *Custo Brasil* – soluções para o desenvolvimento. Junho/julho 2007, ano 2, nº 9, pp. 66-70.

77 BRAZUNA, José Luis Ribeiro: Emenda Constitucional nº 42/2003: reflexos da chamada "reforma tributária" na incidência do ICMS, do IPI e outras mudanças. In: SARAIVA FILHO, Oswaldo Othon de pontes (org.). *Reforma Tributária*. Belo Horizonte: Fórum, 2004, pp. 201-210.

78 CRISTIANO, Marcelo Leonardo. Breve análise do artigo 4º da Reforma Tributária. Gazeta Mercantil de 13.01.2004.

79 Sobre *obter dictum*, MELLO, Patrícia Perrone Campos. *Precedentes*: o desenvolvimento judicial do direito no constitucionalismo contemporâneo. Rio de Janeiro: Renovar, 2008, pp. 125/126.

nam no sentido da viabilidade do art. 4º da EC 42/03 ter convalidado a inconstitucionalidade dos adicionais de ICMS instituídos à luz da EC 30/01:

> A bem da verdade, observa-se que o art. 4º da Emenda Constitucional nº 42/2003 validou os adicionais criados pelos Estados e pelo Distrito Federal, ainda que estes estivessem em desacordo com o previsto na Emenda Constitucional nº 31/2000. Sendo assim, se pairavam dúvidas acerca da constitucionalidade dos diplomas normativos ora adversados, estas foram expressamente enxotadas pelo mencionado art. 4º.

Embora tais considerações explicitadas pelo Ministro Carlos Britto tenham nítido caráter de *obter dictum*, pois não constituíram as razões para a decisão judicial, bem como não houve pronunciamento do plenário acerca do tema, o fato é que tal entendimento foi adotado logo depois pela Segunda Turma do STF no julgamento do RE 570016 (Relator, Min. Eros Grau, julgado em 19/08/2008, DJ 11/09/2008), no qual foi provido recurso do Estado do Rio de Janeiro contra acórdão do TJRJ que reconhecera a inconstitucionalidade da lei fluminense em razão da inexistência de lei federal que definisse os produtos e serviços supérfluos.

A Primeira Turma do STF no RE 606127 negou provimento a recurso extraordinário do contribuinte contra acórdão do TJRJ que reconheceu a tese de que a discussão acerca da constitucionalidade da lei fluminense estaria prejudicada em razão da superveniência do art. 4º da EC 42/03.[80]

Na mesma linha, a Segunda Turma no RE 571968 (DJU 05-06-2012) considerou que *"o art. 4º da EC 42/2003 validou os adicionais instituídos pelos Estados e pelo Distrito Federal para financiar os Fundos de Combate à Pobreza. Precedentes"*.

Todavia, o voto do relator na ADI 2869 contém trecho importante, pelo qual se pode extrair a noção de que para o desfecho da demanda favorável ao Estado foi determinante a circunstância de que a ação foi proposta pelo contribuinte *após a vigência da EC 42/03*, o que leva a crer que, ao menos de forma implícita, houve

80 Relatora Min. CÁRMEN LÚCIA, DJ 30/11/2010.

reconhecimento da impossibilidade da exigência do tributo antes de tal data. Vale conferir trecho do julgado:

> Os fundamentos do acórdão recorrido seriam inafastáveis caso a controvérsia se referisse a fatos submetidos à regência da EC 31/00, vez que a Lei estadual nº 4.056/02 não poderia legitimar o adicional em causa – destinado ao Fundo de Combate à Pobreza do Estado do Rio de Janeiro – sem a edição da lei federal, prevista no artigo 83 do ADCT, que tipificasse os produtos e serviços tidos como supérfluos. 5. Verifica-se, porém, que a ação declaratória de inexistência de relação jurídico-tributária foi interposta, pelo ora recorrido, em 6.4.04, quando já vigente a EC 42/03 [promulgada em 19.12.03].

Ocorre que as leis estaduais editadas antes da EC 42/03 também não poderiam fundamentar a exigência do adicional de ICMS mesmo em relação a fatos geradores posteriores à EC 42/03, visto que as normas estaduais ao tempo de sua edição já nasceram inconstitucionais, sendo incabível considerar que a EC 42/03 teria o condão de *constitucionalizar normas inconstitucionais.*

Com efeito, ao se deparar com a questão da modificação da base de cálculo da COFINS efetuada por lei ordinária, antes das alterações realizadas pela EC 20/98 na matriz constitucional do tributo, o pleno do STF reconheceu a inconstitucionalidade da norma, aduzindo que o sistema jurídico brasileiro não admitiria a figura da constitucionalização superveniente de lei ordinária por intermédio de emenda constitucional (RE 346.084-6, Rel. Min. Ilmar Galvão, DJ 1/09/2006). Trata-se de precedente que nos parece plenamente aplicável na hipótese presente, como argumento adicional em favor da inconstitucionalidade da norma instituída pela EC 42/2003.

Infelizmente, em 26 de novembro de 2013, foi noticiado no site do STF que a Primeira Turma manteve por maioria decisão do ministro Ricardo Lewandowski que, em fevereiro de 2010, proveu o Recurso Extraordinário (RE) 508993, sobre a constitucionalidade da Lei Estado do Rio de Janeiro que instituiu o adicional de ICMS. Em sessão realizada na tarde desta terça-feira (26), por maioria de votos, a Turma negou provimento a agravo regimental interposto pelo contribuinte. O ministro Luiz Fux ficou vencido, pois havia se manifestado pela existência da repercussão geral e propôs a remessa do processo ao Plenário Virtual da Corte.

Na decisão monocrática, o relator citou o julgamento da Ação Direta de Inconstitucionalidade 2869, na qual o Tribunal teria fixado que o artigo 4º da Emenda Constitucional 42/2003 validou os adicionais criados pelos estados e pelo Distrito Federal, "*ainda que estes estivessem em desacordo com o previsto na Emenda Constitucional 31/2000*".

### 3.1. EC 20/98 e a execução de contribuições previdenciárias pela Justiça do Trabalho

A EC 20/98 incluiu parágrafo terceiro ao artigo 114 da CF, determinando que compete à Justiça do Trabalho "*a execução, de ofício, das contribuições sociais previstas no art. 195, I, a , e II, e seus acréscimos legais, decorrentes das sentenças que proferir*". A EC 45/2004 reafirmou a competência ao conferir nova redação ao inciso VIII do referido artigo. Tal alteração teve sua constitucionalidade questionada por parcela significativa da doutrina, pois a exigência de contribuições previdenciárias no âmbito do processo trabalhista implicaria em atribuir ao Judiciário uma função típica e indelegável do Poder Executivo, que é o lançamento tributário.

Schubert de Farias Machado sustentou a inconstitucionalidade da inovação por violação às cláusulas pétreas previstas nos incisos III e IV do §4º do art. 60 da CF. Em relação ao inciso III, o autor sustenta a tese de que a exigência de contribuições previdenciárias no âmbito do processo trabalhista implica em atribuir ao Judiciário uma função típica e indelegável do Poder Executivo, que é o lançamento tributário. Ademais, a inovação teria violado a cláusula pétrea prevista no §4º do inciso IV do art. 60 da CF, na medida em que violou o direito ao devido processo legal (art. 5º, inciso LIV) e à ampla defesa (art. 5º, inciso LV), pois subtraiu do sujeito passivo a oportunidade de discutir a validade e correção dos valores das contribuições previdenciárias lançadas de ofício pelo juízo trabalhista. Haveria também violação da garantia de livre acesso ao Judiciário (art. 5º, inciso XXXV), pois ao atribuir ao próprio juiz o encargo de proceder à execução de ofício das contribuições previdenciárias restaria comprometida a própria imparcialidade judicial.[81]

Novamente chamado a decidir acerca da modificação empreendida pela emenda constitucional, o Supremo Tribunal Federal afirmou, de modo incidental, a constitucionalidade de tal inovação por ocasião do julgamento do RE 569.056-3,[82] com reconhecimento da repercussão geral.

---

81 MACHADO, Schubert Farias. O juiz do trabalho e o lançamento das contribuições para o INSS. *Revista Fórum de Direito Tributário*, nº 8, 2004, pp. 33-48: "Na medida em que o Estado confere maior importância ao seu próprio interesse arrecadatório e atribui competência ao juiz para executar de ofício a obrigação de pagar um tributo – transformando-o em coletor de impostos – esvazia por completo a garantia de acesso ao Judiciário, negando ao jurisdicionado o direito de ter um juiz independente e imparcial para examinar a validade do título e da ação executiva. Torna o juiz o senhor absoluto da legalidade do seu próprio procedimento administrativo, em flagrante descompasso com o sistema jurídico de um Estado de Direito, que se pretende implantado em nosso País com a Constituição de 1988.". Em sentido semelhante, também considerando inconstitucional a EC 20/98 no ponto em exame: MAZZILLO, Leonardo. Inconstitucionalidade da Execução Fiscal Ex Officio Promovida pelos Juizes do Trabalho. *Revista Dialética de Direito Tributário*, nº 88, 2003, p. 52. BIM, Eduardo Fortunato. Inconstitucionalidade da Execução das Contribuições Previdenciárias pela Justiça do Trabalho: EC nº 20/98. *Revista Dialética de Direito Tributário*, nº 89, 2003, pp. 21-34. TAVARES, Alexandre Macedo; MUGNAINI, Marcus Vinícius Mendes. As Impropriedades da Execução Ex Officio de Contribuições à Seguridade Social Emergentes de Decisões da Justiça do Trabalho. *Revista Dialética de Direito Tributário*, nº 84, 2002, p. 42; RAGHIANT NETO, Ary. O poder reformador e seus limites (análise crítica do §3º do art. 114 da CF/19888 acrescentado pela EC 20 de 15.12.1988). *Revista Tributária e de Finanças Públicas*, v. 58, 2004, pp. 178-201. A defesa da constitucionalidade da inovação trazida pela EC 20/98 foi realizada por CASTILHO, Paulo Cesar Bária de. Crédito tributário sem lançamento e execução de ofício da contribuição previdenciária pela justiça do trabalho. *Revista Dialética de Direito Tributário*, nº 89, 2003, pp. 58-70.

82 Pleno, Rel. Min. Menezes Direito, DJ 11/09/08, com repercussão geral. No mesmo sentido: AI 760.826-AgR, Rel. Min. Eros Grau, Segunda Turma, *DJE* de 12.2.2010; AI 757.321-AgR, Rel. Min. Cármen Lúcia, Primeira Turma, *DJE* de 6.8.2010; RE 560.930-AgR, Rel. Min. Marco Aurélio, Primeira Turma, *DJE* de 20.2.2009.

Apenas no voto do Ministro Menezes Direito restou evidenciado o reconhecimento da constitucionalidade da inovação trazida pela EC 20/98, sendo aduzido que a modificação pretendeu que o

> próprio órgão da Justiça do Trabalho pudesse iniciar e conduzir a execução das contribuições sociais, sem lançamento, sem inscrição em dívida ativa e sem ajuizamento de ação de execução. A intenção, sem dúvida, dirige-se para a maior eficácia do sistema de arrecadação da Previdência Social. E não se pode dizer que houve uma subversão desse procedimento porque a eliminação de diversas fases da constituição do crédito tributário está respaldada na Constituição da República, tendo se convertido no devido processo legal ora vigente. O processo legal substituído era tão somente o devido processo legal antes adotado. Não há nenhuma irregularidade ou inconstitucionalidade nessa modificação.

É certo que o STF conferiu interpretação restritiva à nova competência atribuída à Justiça do Trabalho. Isto porque o Tribunal reconheceu que a competência alcança apenas as contribuições previdenciárias relativas ao objeto da condenação constante das sentenças que proferir, não abrangendo, como pretendia o INSS, a execução de contribuições previdenciárias relativas ao vínculo de trabalho reconhecido na decisão, mas sem condenação ou acordo quanto ao pagamento de verbas salariais que lhe possam servir como base de cálculo. Obedecendo tal comando, o Tribunal Superior do Trabalho editou a Súmula 368, item 1 (2005), que estabelece:

> A Justiça do Trabalho é competente para determinar o recolhimento das contribuições fiscais. A competência da Justiça do Trabalho, quanto à execução das contribuições previdenciárias, limita-se às sentenças condenatórias em pecúnia que proferir e aos valores, objeto de acordo homologado, que integrem o salário-de-contribuição.

## CONCLUSÕES

A Constituição de 1988, ao contrário das constituições de outros países, adotou o caminho de regular de forma extremamente detalhista a matéria financeira e tributária. Trouxe desta forma para a seara constitucional algumas questões que, na significativa maioria dos países democráticos, são decididas em âmbito infraconstitucional. Se a mera previsão de determinadas normas financeiras e tributárias em âmbito constitucional já cria grandes dificuldades para os governos democraticamente eleitos, que precisam obter maiorias qualificadas (conseguir o apoio da "ditadura dos 3/5")[83] para implementação de sua política fiscal, a possibilidade de invalidação pelo Judiciário de emendas constitucionais é questão que deve despertar ainda mais questionamentos de ordem democrática e reforça a necessidade do estabelecimento de parâmetros para o exercício de tal controle.

Desta forma, o trabalho de delimitação das cláusulas pétreas tributárias e financeiras realizado pelo Supremo Tribunal Federal precisa ser exercido com verdadeira "precisão cirúrgica", de maneira a evitar, de um lado, a retirada excessiva de espaços de poder decisório das maiorias políticas eventuais (pelo reconhecimento de que determinada norma ostenta o *status* de cláusula pétrea) e, de outro lado, evitar que emendas constitucionais possam corroer o projeto do constituinte originário pela violação das normas que compõem o seu núcleo de identidade.

A delimitação mais precisa dos contornos gerais das cláusulas pétreas tributárias e financeiras desempenha a relevante função de estabelecer parâmetros para a jurisdição constitucional no controle de constitucionalidade de emendas constitucionais financeiras e tributárias, delimitando o campo de atuação legítima do constituinte derivado. Ademais, tal tarefa produz a relevante função de identificar quais as decisões políticas fundamentais em matéria tributária e financeira, a partir da análise do quadro axiológico subjacente ao texto de 1988.

Critérios meramente formais são insuficientes para a definição das cláusulas pétreas tributárias, o que obriga o intérprete a investir em critérios materiais, com os aportes da filosofia constitucional e da filosofia política contemporânea, além de contribuições da ciência política e da economia, bem como pelo reconhecimento da necessária neutralidade política da jurisdição constitucio-

83 A expressão é de COUTO, Cláudio Gonçalves; ABRUCIO, Fernando. O segundo governo FHC: coalizões, agendas e instituições. *Tempo Social – USP*, v. 15, nº 2, 2003, pp. 269-301.

nal, da abertura da interpretação constitucional aos valores e à interdisciplinariedade.

Ao exercer o controle de constitucionalidade de emendas constitucionais em face da limitação material do princípio federativo (art. 60, §4º, I, CF), o Supremo Tribunal Federal exercerá a relevante função de árbitro da federação, e terá excelentes oportunidades para fomentar o debate em torno de nosso federalismo fiscal, de modo a obrigar que a questão federativa seja mantida na agenda política das instâncias democráticas e que soluções sejam construídas a partir de parâmetros que respeitem as decisões fundamentais da ordem constitucional inaugurada em 1988.

A tentativa de delimitação das cláusulas pétreas tributárias e financeiras relacionadas ao art. 60, §4º, inciso III, da CF com fulcro em critérios meramente formais será fatalmente frustrada, pois não cabe interpretar o dispositivo de modo a concluir no sentido da impossibilidade de modificações formais nos dispositivos que tratam da separação de poderes. A cláusula pétrea em exame só será violada se emenda constitucional atentar contra o *conteúdo essencial* do referido princípio. No campo da tributação, a separação de poderes projeta relevantes efeitos, pois materializa a distribuição do poder tributário estatal entre o Executivo (poder de administrar tributos), Legislativo (poder de legislar sobre tributos) e Judiciário (controle jurisdicional sobre tributos). Logo será lícito questionar a constitucionalidade de emenda constitucional que procure esvaziar completamente a função típica do Executivo de praticar atos ligados à administração tributária. Da mesma forma, será questionável a possibilidade de emenda constitucional que procure retirar a função típica do Judiciário de definição acerca da constitucionalidade de tributos à luz do ordenamento constitucional vigente à época.

## REFERÊNCIAS

ABRAHAM, Marcus. *As Emendas constitucionais tributárias e os vinte anos da Constituição Federal de 1988.* São Paulo: Quartier Latin, 2009.

AMARO, Luciano. As Cláusulas pétreas e o direito tributário. *Revista Dialética de Direito Tributário*, São Paulo: Dialética, nº 21, pp. 71-78, 1997.

ANDERSON, George. *Federalismo*: uma introdução. Rio de Janeiro: Editora FGV, 2009.

ANTONELLI, Leonardo Pietro. *Custo Brasil* – soluções para o desenvolvimento. Junho/julho 2007, ano 2, nº 9, pp. 66-70.

ARAUJO, Alexandre Bleggi. Imposto sobre serviços (ISS): inconstitucionalidade das limitações ao poder de tributar municipal impostas pela Emenda Constitucional nº 37/02. *Revista Dialética de Direito Tributário*, v. 91, 2003, pp. 7-24.

ARAÚJO, Marcelo Labanca Corrêa. *Jurisdição constitucional e federação*. Rio de Janeiro: Elsevier, 2009.

ARRETCHE, Marta. Quem taxa e quem gasta: a barganha federativa na federação brasileira. *Revista de Sociologia Política*, Curitiba, nº 24, 2005, pp. 69-85.

ASSUMPÇÃO, Letícia Franco Maculan. A nova proposta de reforma tributária e o pacto federativo. *Revista de Estudos Tributários*, nº 61, 2008, pp. 57-64.

ATALIBA, Geraldo. *República e Constituição*. São Paulo: Malheiros, 2004.

ÁVILA, Humberto. *Segurança Jurídica*: entre permanência, mudança e realização no Direito Tributário. São Paulo: Malheiros, 2011.

BARCELLOS, Ana Paula de. Separação de poderes, maioria democrática e legitimidade do controle de constitucionalidade. *Revista de Direito da Procuradoria Geral do Estado do Rio de Janeiro*, nº 53, 2000, pp. 78-106.

BARRETO, Aires F. *Curso de direito tributário municipal*. São Paulo: Saraiva, 2009.

BARROSO, Luís Roberto. *Curso de direito constitucional contemporâneo*. Os conceitos fundamentais e a construção do novo modelo. São Paulo: Saraiva, 2009.

_____. *O Controle de constitucionalidade no direito brasileiro*. São Paulo: Saraiva, 2008.

_____. *Direito Constitucional brasileiro: o problema da federação*. Rio de Janeiro: Forense, 1982.

_____. *O Direito Constitucional e a efetividade de suas normas.* Limites e possibilidades da Constituição Brasileira. Rio de Janeiro: Renovar, 2009.

_____. A derrota da federação: o colapso financeiro dos Estados e Municípios. *Revista de Direito da Procuradoria Geral do Estado do Rio de Janeiro*, nº 53, 2000, pp. 107-113.

_____. Parecer nº 01/2009. Sentido e alcance do parágrafo único do art. 160 da Constituição: parâmetros para a retenção de receitas estaduais pela União Federal. *Revista de Direito da Procuradoria Geral do Estado do Rio de Janeiro*, nº 64, 2010.

_____. *Interpretação e aplicação da Constituição.* São Paulo: Saraiva, 2004.

BERNARDES, Wilba Lúcia Maia. *Federação e federalismo.* Belo Horizonte: Del Rey, 2010.

BIM, Eduardo Fortunato. Inconstitucionalidade da Execução das Contribuições Previdenciárias pela Justiça do Trabalho: EC nº 20/98. *Revista Dialética de Direito Tributário*, nº 89, 2003, pp. 21-34.

_____. A inconstitucionalidade da alíquota mínima para o ISS: a violação do pacto federativo pela EC nº 37/02. *Revista Dialética de Direito Tributário*, v. 94, 2003, pp. 22-37.

BRANDÃO, Rodrigo. *Direitos fundamentais, democracia e cláusulas pétreas.* Rio de Janeiro: Renovar, 2008.

BRAZUNA, José Luis Ribeiro: Emenda Constitucional nº 42/2003: reflexos da chamada "reforma tributária" na incidência do ICMS, do IPI e outras mudanças. In: SARAIVA FILHO, Oswaldo Othon de pontes (org.). *Reforma Tributária.* Belo Horizonte: Fórum, 2004, pp. 201-210.

BUNCHAFT, Maria Eugênia. *O patriotismo constitucional na perspectiva de Jurgen Habermas.* A reconstrução da ideia de nação na filosofia política contemporânea. Rio de Janeiro: Lumen Juris, 2010.

CAMPOS, Dejalma de. As cláusulas pétreas tributárias. *Revista Dialética de Direito Tributário*, nº 9, 1996, pp. 28-33.

CARRAZZA, Roque Antônio. *Curso de direito constitucional tributário*. São Paulo: Malheiros, 2009.

_____. A reforma tributária e as cláusulas pétreas. *Revista de Direito Tributário*, nº 67, 1997, pp. 252-257.

CASTILHO, Paulo Cesar Bária de. Crédito tributário sem lançamento e execução de ofício da contribuição previdenciária pela justiça do trabalho. *Revista Dialética de Direito Tributário*, nº 89, 2003, pp. 58-70.

CONTI, José Maurício. *Federalismo fiscal e fundos de participação*. São Paulo: Juarez de Oliveira, 2001.

COUTO, Cláudio Gonçalves; ABRUCIO, Fernando. O segundo governo FHC: coalizões, agendas e instituições. *Tempo Social – USP*, vol.15, nº2, 2003, pp. 269-301.

COUTO, Cláudio Gonçalves. Constituição, competição e políticas públicas. *Lua Nova*, nº 35, 2005, pp. 95-135.

COSTA, Regina Helena. *Curso de direito tributário* – Constituição e Código Tributário Nacional. São Paulo: Saraiva, 2009.

COUTO, Cláudio Gonçalves; ARANTES, Rogério Bastos. Constituição, governo e democracia no Brasil. *Revista Brasileira de Ciências Sociais*, v. 21, nº 61, 2006, pp. 42-62.

CRISTIANO, Marcelo Leonardo. Breve análise do artigo 4º da Reforma Tributária. Gazeta Mercantil de 13.01.2004.

CRUZ JÙNIOR, Ademar Seabra da. *Justiça como equidade*. Rio de Janeiro: Lumen Juris, 2004.

CURI, Bruno Maurício Macedo. *Limitações ao poder de tributar*: análise de sua fundamentalidade ante a razão pública. Dissertação (Mestrado em Ciências Jurídicas e Sociais)-Programa de Pós-Graduação em Sociologia e Direito da Universidade Federal Fluminense, Niterói, 2007.

DERZI, Misabel Abreu Machado. Federalismo, estado democrático de direito e imposto sobre o consumo. *Revista de Direito Tributário*, nº 75, 1999, pp. 197-218.

_____. Não-cumulatividade, neutralidade, PIS e COFINS e a Emenda Constitucional nº 42/03. In: *Grandes questões atuais do di-*

*reito tributário*. ROCHA, Valdir de Oliveira (org.). São Paulo: Dialética, 2004, pp. 339/355.

DINIZ, Simone. Interações entre os Poderes Executivo e Legislativo no processo decisório: avaliando sucesso e fracasso presidencial. *Dados* – Revista de Ciências Sociais, v. 48, nº 1, 2005, pp. 333-369.

ELIALI, André. *O federalismo fiscal brasileiro e o sistema tributário nacional.* São Paulo: MP Editora, 2005.

FALCÃO, Amílcar de Araújo. Introdução ao Direito Tributário. Rio de Janeiro: Forense, 1994.

______. *Sistema tributário brasileiro*. Rio de Janeiro: Financeiras, 1965.

FARIAS, José Fernando de Castro. *Ética, política e direito*. Rio de Janeiro: Lúmen Júris, 2004.

FERRARI, Sérgio. *Constituição estadual e federação*. Rio de Janeiro: Lumen Juris, 2003.

GARRETT, Elizabeth; VERMEULE, Adrian. Institutional design of a Thayerian Congress. *Duke Law Journal*, nº 50, 2001, pp. 1277-1333.

GIAMBIAGI, Fábio; ALÉM, Ana Cláudia. *Finanças públicas*: teoria e prática no Brasil. Rio de Janeiro: Elsevier, 2011.

GODOI, Marciano Seabra de. *Crítica à jurisprudência atual do STF em matéria tributária*. São Paulo: Dialética, 2011.

GRECO, Marco Aurélio. *Planejamento Tributário*. São Paulo: Dialética, 2008.

GRIMM, Dieter. Jurisdição constitucional e democracia. *Revista de Direito do Estado*, nº 4, pp. 3-22, 2006.

HARADA, Kiyoshi. Imposto sobre Serviços: polêmica sobre alíquotas máximas e mínimas. *Revista de Direito da Procuradoria Geral da Câmara Municipal do Rio de Janeiro*, v. 10, nº 15, 2006.

HABERMAS, Jürgen. O Estado Democrático de Direito: uma amarração paradoxal de princípios contraditórios? In: *A era das transições*. Tradução de Flávio Siebeneichler. Rio de Janeiro: Tempo Brasileiro, 2003.

LOBO, Rogério Leite. *Federalismo fiscal brasileiro*: discriminação das rendas tributárias e centralidade normativa. Rio de Janeiro: Lumen Juris, 2006.

MACHADO, Hugo de Brito. *Curso de Direito Tributário*. 28ª ed., São Paulo: Malheiros, 2007.

MACHADO, Schubert Farias. O juiz do trabalho e o lançamento das contribuições para o INSS. *Revista Fórum de Direito Tributário*, nº 8, 2004, pp. 33-48.

MAIA, Antônio Cavalcanti. *Jürgen Habermas*: filósofo do direito. Rio de Janeiro: Renovar, 2008.

MARTINS, Cristiano Franco. *Princípio federativo e mudança constitucional*. Limites e possibilidades na Constituição brasileira de 1988. Rio de Janeiro: Lumen Juris, 2003.

MAZZILLO, Leonardo. Inconstitucionalidade da Execução Fiscal Ex Officio Promovida pelos Juizes do Trabalho. *Revista Dialética de Direito Tributário*, nº 88, 2003, pp. 52-60.

MELLO, Patrícia Perrone Campos. *Precedentes*: o desenvolvimento judicial do direito no constitucionalismo contemporâneo. Rio de Janeiro: Renovar, 2008.

MELLO, Rafael Munhoz de. Aspectos essenciais do federalismo. *Revista de Direito Constitucional e Internacional*, nº 41, 2002, pp. 125-155.

MENDES, Gilmar Ferreira. Limites da revisão: cláusulas pétreas ou garantias de eternidade: possibilidade jurídica de sua superação. *Cadernos de Direito Tributário e Finanças Públicas*, nº 2, 1994, pp. 15-19.

MIGUEL, Carlos Ruiz. Patriotismo constitucional. *Cuadernos de pensamiento político*, 3, 2004, pp. 81-92. FAES-Fundación para el Análisis y los Estudios Sociales, Madrid.

NOVELLI, Flávio Bauer. Norma constitucional inconstitucional? A propósito do art. 2, §2º, da Emenda Constitucional nº 3/93. *Revista Forense*, v. 330, 1995, pp. 63/89.

OLIVEIRA, Gustavo da Gama Vital de. Alguns parâmetros para a densificação das cláusulas pétreas tributárias e financeiras. *Revista Fórum de Direito Tributário*, v. 48, 2010, pp. 127-146.

_____. A teoria do diálogo constitucional e a correção legislativa da jurisprudência no direito tributário brasileiro. RDE. *Revista de Direito do Estado* v. 17-18, pp. 343-390, 2011.

_____. *Direito tributário e diálogo constitucional*. Niterói: Impetus, 2013.

OLIVEIRA, Marcelo Andrade Cattoni. A legitimidade democrática da Constituição da República Federativa do Brasil: uma reflexão sobre o projeto constituinte do estado democrático de direito no marco da teoria do discurso de Jürgen Habermas. *In*: SOUZA NETO, Cláudio Pereira; SARMENTO, Daniel; BINENBJOIN, Gustavo. (Orgs.). *Vinte anos da Constituição de 1988*. Rio de Janeiro: Lumen Juris, 2009.

OLIVEIRA, Vanessa Elias de. Poder Judiciário: árbitro dos conflitos constitucionais entre Estados e União. *Lua Nova*, v. 78, 2009, pp. 223-250.

PERRY, Michael J. *Constitutional Rights, Moral Controversy, and the Supreme Court*, Cambridge University Press, 1999.

PICKERILL, J. Mitchell. *Constitutional deliberation in congress*. Duke: Duke University Press, 2004.

PIMENTA, Paulo Roberto Lyrio. Cláusulas pétreas tributárias. *Revista Dialética de Direito Tributário*, nº 92, 2003, pp. 40-46.

PINZANI. Alessandro. Patriotismo e responsabilidade na época da globalização. *Civitas* – Revista de Ciências sociais Ano 2, nº 1, Porto Alegre, 2002, pp. 211-228.

PISCITELLI, Roberto B., Estudo Analítico dos Novos Dispositivos Constitucionais Tributários. In: PISCITELLI, Roberto B. (org.). O *Sistema Tributário na Nova Constituição*: da crise financeira às perspectivas com o novo sistema. Brasília: Editora da UnB, 1989.

RAGHIANT NETO, Ary. O poder reformador e seus limites (análise crítica do §3º do art. 114 da CF/19888 acrescentado pela EC

20 de 15.12.1988). *Revista Tributária e de Finanças Públicas*. v. 58, 2004, pp. 178-201.

RAWLS, John. *O liberalismo político*. São Paulo: Ática, 2000.

RIBEIRO, Ricardo Lodi. Federalismo fiscal e reforma tributária. In: *Temas de Direito Constitucional Tributário*. Rio de Janeiro: Lumen Juris, 2009.

_____. *A segurança jurídica do contribuinte* (legalidade, não-surpresa e proteção à confiança legítima). Rio de Janeiro: Lumen Juris, 2009.

_____. Paternalismo federativo e a competência para a concessão de benefícios fiscais no ICMS e no ISS. *Revista Fórum de Direito Tributário*, Belo Horizonte, v. 10, nº 59, 2012, p. 147.

ROBERTSON, David. *The judge as a political theorist:* contemporary constitutional review. Princeton University Press, 2010.

SIQUEIRA, Natércia Sampaio. As cláusulas pétreas na constituição brasileira: sua equivalência com a matéria constitucional na justice as *fairness*. *Novos Estudos Jurídicos* (Online), UNIVALI, v. 17, 2012, pp. 258-270.

SOUZA, Celina. Regras e contexto: as reformas da Constituição de 1988. *Dados*: Revista de Ciências Sociais, Rio de Janeiro, v. 51, nº 4, 2008, pp. 791-823.

SOUZA NETO, Cláudio Pereira. SOUZA NETO, Cláudio Pereira. Consenso constitucional, neutralidade política e razão pública: elementos de teoria da constituição em Rawls. In: SARMENTO, Daniel; GALDINO, Flávio. (Org.). *Direitos fundamentais: estudos em homenagem ao Professor Ricardo Lobo Torres*. Rio de Janeiro: Renovar, 2006. pp. 181-203.

SCHWARTZBERGDE, Melissa. *Democracy and Legal Change*. Cambridge University Press, 2007.

TAVARES, Alexandre Macedo; MUGNAINI, Marcus Vinícius Mendes. As Impropriedades da Execução Ex Officio de Contribuições à Seguridade Social Emergentes de Decisões da Justiça do Trabalho. *Revista Dialética de Direito Tributário*, nº 84, 2002, pp. 33-46.

TAYLOR, Matthew M.; ROS, Luciano da. Os Partidos dentro e fora do poder: a judicialização como resultado contingente da estratégia política. *Dados – Revista de Ciências Sociais*, Rio de Janeiro, v. 51, nº 4, 2008, pp. 825-864.

TORRES, Ricardo Lobo. A nova ordem tributária e a descentralização fiscal. *Revista de Direito Tributário*, nº 75, 1999, pp. 262-267.

_____. *Tratado de direito constitucional financeiro e tributário*, vol. 1. Rio de Janeiro: Renovar, 2009.

_____. *Tratado de direito constitucional financeiro e tributário*, vol. 2. Rio de Janeiro: Renovar, 2005.

_____. *Tratado de direito constitucional financeiro e tributário*, vol. 3. Rio de Janeiro: Renovar, 2005.

_____. *Tratado de direito constitucional financeiro e tributário*, vol. 4. Rio de Janeiro: Renovar, 2005.

_____. *Tratado de direito constitucional financeiro e tributário*, vol. 5. Rio de Janeiro: Renovar, 2008.

TUSHNET, Mark. Interpretation in legislatures and courts: incentives and institutional design. In: *The least examined branch*: the role of legislatures in the constitutional state. BAUMAN, Richard W.; KAHANA, Tsvi. (ed.). Cambridge: Cambridge University Press, 2006, pp. 468-479.

_____. *Weak courts, strong rights:* judicial review and social welfare rights in comparative constitutional law. Princeton: Princeton University Press, 2008.

VALADÃO, Marcos Aurélio Pereira. Comentários sobre as alterações tributárias à Constituição de 1988. *Ciência e Técnica Fiscal*. Lisboa, v. 413, 2004, pp. 07-133.

WALUCHOW, W.J. *A common law theory of judicial review*. The living tree. Cambridge University Press, 2007.

WHITTINGTON, Keith E.; DEVINS, Neal; HICKEN, Hutch. The constitution and congressional committees. *The least examined branch*: the role of legislatures in the constitutional state. Bauman, Richard W.; Kahana, Tsvi. (ed.). Cambridge: Cambridge University Press, 2006, pp. 396-410.

ZIMMERMANN, Augusto. *Teoria geral do federalismo democrático*. Rio de Janeiro: Lumen Juris, 2005.

# SEGURANÇA JURÍDICA E MUDANÇAS NORMATIVAS INTERPRETATIVAS: CONCEITO DE FATURAMENTO NA JURISPRUDÊNCIA DO SUPREMO TRIBUNAL FEDERAL E ANÁLISE DE CASO (RE 346.084/PR) SEGUNDO CRITÉRIOS DE JUSTIFICATIVA PROPOSTOS POR ALEXY[1]

*Agostinho do Nascimento Netto*

**RESUMO:** Este trabalho examina a Teoria da Argumentação Jurídica de Robert Alexy. Apresenta, como estudo de caso, a partir do conceito estabelecido de receita bruta e faturamento, julgamentos (RE nº 150.755 e RE nº 346.084) pelo Supremo Tribunal Federal, especialmente decisão incidental proferida.

**ABSTRACT:** This paper examines the Theory of Legal Argumentation Robert Alexy. Presents, as a case study, from the established concepts of gross income and billing (receita bruta e faturamento), judgments (RE 150755 and RE 346084) by the Supreme Court (Supremo Tribunal Federal), especially from incidental decision.

## I. NOTAS INTRODUTÓRIAS

### I.1. Segurança jurídica

Cobrem-se de rigorosa razão os que afirmam que o tema da segurança jurídica ergue-se constitucionalmente e que a segurança jurídica deriva principiologicamente da noção de Estado

---

1 Texto desenvolvido para o Grupo de Pesquisa Institucional: Tributação Constitucional, Justiça Fiscal e Segurança Jurídica – Coordenação: Prof. Luís Cesar Souza de Queiroz – Programa de Pós-Graduação em Direito – UERJ – Centro de Ciências Sociais – Faculdade de Direito – Doutorado – Área De Concentração: Estado, Processo e Sociedade Internacional – Linha De Pesquisa: Finanças Públicas, Tributação e Desenvolvimento.

de Direito.[2] Não se concebe uma dada organização estatal política ou social como juridicamente estruturada, aliás, jurídica e democraticamente estruturada, se inexistente, ou mesmo fragilmente protegida, a noção de segurança jurídica.[3] Quer isso significar que seja como resultante dos conceitos de ato jurídico perfeito, de coisa julgada ou de direito adquirido, mas igualmente de proteção à confiança legítima e de estabilidade nas relações jurídicas, a visão de preservação e de previsibilidade, isto é, de relações jurídicas as quais quando fixadas devem restar sempre observadas, respeitadas e protegidas, compagina-se com a confirmação de que presente uma ambiência democrática e de subordinação ao Direito.

Tal situação, de que trafegando a segurança jurídica a partir do constitucionalizado e de situação de atenção máxima ao jurídico e democrático, longe de dificultar a sua compreensão ou sua percepção, deve ser entendida como, ao fim, mais preservada e mais reforçada. Constitucionalismo e democracia precisam ser vistos como se complementando e se apoiando.[4] Ambos os conceitos se destinam no Estado contemporâneo a permitir, conjuntamente, a justiça, o bem-estar social e também a segurança jurídica.[5]

Mas como pode ser definida uma situação na qual observada a segurança jurídica? Anote-se com Canotilho:

> "(...) o indivíduo têm do direito poder confiar em que aos seus actos ou às decisões públicas incidentes sobre os seus direitos, posições ou relações jurídicas alicerçadas em normas jurídicas vigentes e válidas se ligam os efeitos jurídicos previstos e prescritos por essas mesmas normas."[6]

---

2 "O tema da segurança jurídica tem assento constitucional (princípio do Estado de Direito). MENDES, Gilmar Ferreira, COELHO, Inocêncio Mártires, BRANCO, Paulo Gustavo Gonet. Curso de direito constitucional. 2ª ed. revista e atualizada. São Paulo: Saraiva, 2008, p. 489.

3 Em igual sentido, CANOTILHO, J.J. Gomes. Direito constitucional e teoria da constituição. 2ª ed. Coimbra: Almedina, pp. 250 e segs.

4 BARROSO, Luís Roberto. Curso de direito constitucional contemporâneo: os conceitos fundamentais e a construção do novo modelo. São Paulo: Saraiva, p. 90.

5 BARROSO, Luís Roberto, *id., ibid., op. cit.*

6 CANOTILHO, J.J. Gomes, *op. cit.*, p. 250.

Em outras palavras, o indivíduo reputa jurídica a providência que resultante de atos ou processos públicos não desrespeite os seus direitos ou situações jurídicas antes reconhecidas a partir da aplicação e, por conseguinte da leitura e interpretação, de dada norma jurídica. Ainda em novas palavras, se aplicada considerada norma a uma considerada situação, a síntese não poderá ser desestabilizada e alterada, sob pena de maculação da segurança jurídica e da confiança nesta, atributos de um Estado, a um só tempo, democrático porque de Direito e de Direito porque democrático.[7]

Para o mesmo Autor, nada obstante não se confundirem, os conceitos de segurança jurídica e de proteção da confiança andam "estritamente associados".[8] Porém, enquanto segurança jurídica diz de perto com "elementos objetivos da ordem jurídica", proteção da confiança aproxima-se dos "componentes subjetivos da segurança". Enquanto o primeiro conceito aponta para garantia da estabilidade jurídica, segurança de orientação e realização do direito, a proteção da confiança volta-se à previsibilidade e à calculabilidade em relação "aos efeitos jurídicos dos atos dos poderes públicos".[9] Objetivamente,

> "A segurança e a proteção da confiança exigem, no fundo: (1) fiabilidade, clareza, racionalidade e transparência dos atos do poder; (2) de forma que em relação a eles o cidadão veja garantida a segurança nas suas disposições pessoais e nos efeitos jurídicos dos seus próprios atos."[10]

E, sublinhe-se, sem qualquer margem para a dúvida o mesmo Autor explica que de ambos os conceitos e seus postulados é possível a dedução de que as exigências correspondentes são in-

7 Sobre o entendimento das aproximações e distinções entre os conceitos de Estado de Direito e Democracia, vide por todos BARROSO, Luís Roberto, *op. cit.*, pp. 87 e segs.

8 Canotilho observa que para alguns autores a proximidade dos conceitos de segurança jurídica e proteção da confiança é tamanha que consideram esta última como um subprincípio da primeira ou como uma sua dimensão específica. CANOTILHO, J.J. Gomes, *id., ibid., op. cit.*

9 Citações deste parágrafo em *id., ibid., op. cit.*

10 *Id., ibid., op. cit.*

vocáveis a qualquer ato de qualquer poder, do legislativo, do executivo e, novamente assinale-se, também do judicial. Vale dizer, a imprescindível atenção à previsibilidade, à segurança, à clareza, à transparência e à racionalidade, sublinho especialmente esta última propriedade, deve presidir a atuação, os pronunciamentos, os atos e as decisões dos operadores, sejam esses dotados dos poderes/deveres que se formalizam a partir e em âmbito da atuação legislativa, da atuação executiva ou da atuação judiciária. Neste último momento, o movimentado judiciariamente, vale a anotação de Ribeiro na linha de que a proteção à confiança e o sentido das normas - mais precisamente, parece, seu significado (o das normas) –, dá-se em meio "à tensão entre flexibilidade e estabilidade, sendo resultado da ponderação entre dois pressupostos (aparentemente) antagônicos:

> (...) a necessidade de garantir a conservação de estados de posse uma vez obtidos em face de modificações jurídicas posteriores (Segurança Jurídica subjetiva como proteção à confiança) e o dever do Estado eliminar as posições antijurídicas (Segurança Jurídica objetiva como Legalidade)."[11] (g.n.)

Inexcedível clareza: com máxima ponderação, já que se contrapondo comandos principiológicos, e cuidados, percebida uma situação injurídica (ou antijurídica), cabe ao Estado a sua correção. Esse fenômeno se verifica e se mostra com necessária atuação estatal, constatação que parece não se oferecer a maiores oposições ou debates, porque "(...) a doutrina publicista reconhece o papel indispensável do Estado na entrega de prestações positivas e na proteção diante da atuação abusiva dos particulares."[12]

É situação, a de ajuste e de correção de dada situação percebida como antijurídica (injurídica), que pode ocorrer na seara judiciária.

---

11 RIBEIRO, Ricardo Lodi, Limitações constitucionais ao poder de tributar. Rio de Janeiro: Lumen Júris, 2010, pp. 86/87.

12 BARROSO, Luís Roberto, *op. cit.*, p. 69.

## I.2. Modificações Constitucionais

### *I.2.1. Reforma Constitucional*

Ajuste ou correção de uma situação jurídica entendida como não-jurídica (injurídica ou antijurídica), pode verificar-se com atuação judiciária e mesmo esta em patamar constitucional. Quando esse processo se desenvolve, considerado o perímetro estritamente constitucional, pode-se estar frente a uma modificação da leitura constitucional de uma dada norma ou de uma nova leitura de uma dada norma constitucional. Vale dizer, presente uma modificação a partir do Texto Constitucional ou no próprio Texto Constitucional.

Uma adequada compreensão sobre a forma por intermédio da qual ocorrem as modificações nos textos constitucionais[13] deve agregar, de início, dois aspectos. O primeiro é de que as "Constituições têm vocação de permanência".[14]-[15] E um segundo é que a alteração do texto constitucional seguirá, se se dando por reforma, uma rota formal. Afirma Mendes apropiadamente:

> "Embora as constituições sejam concebidas para durar no tempo, a evolução dos fatos sociais pode reclamar ajustes na vontade expressa no documento do poder constituinte originário."[16]

---

13 À parte teorizações mais aceitas, há a contribuição, citada por HORTA, Raul Machado, Curso de direito constitucional, 2ª ed. revista, atualizada e ampliada, Belo Horizonte: Del Rey, 1999, p. 104, Carl Schimitt que fala em alterações constitucionais a partir de mudanças da e na Constituição, o que abrangeria as situações de destruição, supressão, reforma, quebra e suspensão da Constituição (*in* Teoria de la constitución, trad. De Francisco Ayala. Madrid: Revista de Derecho Privado, 1939, pp. 115-117.

14 BARROSO, Luís Roberto, *op. cit.*, p. 122.

15 BARROSO, Luís Roberto, *id., ibid., op. cit.*, nota nº 2: "A permanência da Constituição é a idéia inspiradora do constitucionalismo moderno". HORTA, Raul Machado, Permanência e mudança na Constituição, *in* Curso de direito constitucional, 3ª ed. Belo Horizonte: Del Rey, 2002, p. 97.

16 MENDES, Gilmar Ferreira, COELHO, Inocêncio Mártires, BRANCO, Paulo Gustavo Gonet, *op. cit.*, p. 213.

Falar de reforma constitucional[17] é diretamente tocar no poder constituinte de reforma ou derivado, cuja atuação e características obrigam ao reconhecimento, firme na premissa de que não obstante a vocação dos textos constitucionais à perenidade, eles não podem pretender que assim se dê de modo absoluto, dos limites desse poder reformador, sejam eles adjetivos (formais) ou materiais, aqui com destaque, como se em um momento de subjugação à sua bagagem genética, ao clausulado como intocável, ou em outras palavras, às cláusulas definidas como pétreas.

Reformar formalmente um texto constitucional, isto é, segundo o processo previsto e estampado em si mesmo, é reconhecer que a sua vitalidade depende, sob pena de ser superada por processos mais impactantes, de adaptação aos tempos que não cessam de avançar. É necessário que se reconheça que "Uma geração não pode submeter a outra aos seus desígnios" ou que "Os mortos não podem governar os vivos".[18] Novamente, palavras de Mendes:

> "Para prevenir os efeitos nefastos de um engessamento de todo o texto constitucional, o próprio poder constituinte originário prevê a possibilidade de um poder, por ele instituído, vir a alterar a Lei Maior."[19]

Não é, contudo, a única forma de se promover a modificação ou reforma de um texto constitucional, a sua reforma buscada pela via formal do poder derivado. O mesmo dinamismo social e factual, impondo uma releitura do texto constitucional, pode salvaguardar a mensagem constitucional sem o recurso da reforma ou da refundação constitucional (poder originário). Não somente uma geração não pode nutrir a veleidade de ancorar a marcha do tempo, como igualmente é necessário ceder-se à compreensão de que as relações sociais geram, a partir do seu próprio dinamismo, confrontos que são menos geracionais, mas mais presentes. A reinterpretação pode se impor em cortes temporais mais estreitos.

---

17 Sobre o tema, por todos confira-se HORTA, Raul Machado, *op. cit.*, pp. 81-116.

18 Essas duas citações retiradas de BARROSO, Luís Roberto, *op. cit.*, p. 122, que em notas (n^os^ 3 e 4) a elas aponta como fontes, para a primeira, o art. 28 da Constituição Francesa de 1793, e para a segunda, as palavras, veementes, reconhecidas a Thomas Jefferson e Thomas Paine.

19 MENDES, Gilmar Ferreira, COELHO, Inocêncio Mártires, BRANCO, Paulo Gustavo Gonet, *op. cit.*, p. 213.

Esse avanço pode resultar de reinterpretação com emprego do que a Doutrina passou a identificar como mutação constitucional.

### *I.2.2. Mutação Constitucional*

Sendo certo que uma modificação no Texto Constitucional não necessariamente decorrerá de uma sua alteração formal, literal ou gramatical (textual), podendo ser gerada a partir da forma com se o interpreta, cabe desde logo melhor precisar esse conceito, o de mutação constitucional.

Segundo Raul Machado Horta, citando García-Pelayo e Pablo Lucas Verdú, esses a partir da Hsu Dau-Lin,[20] a mutação constitucional, que se verificaria quando ocorrida uma separação entre o preceituado constitucionalmente e a realidade, mais diretamente com esteio em Dau-Lin, pode assumir quatro formas. Uma primeira seria a mutação constitucional decorrente da prática, que de todo modo não vulneraria o Texto Maior; seguir-se-ia a esta a mutação constitucional resultado da confirmação da impossibilidade de exercício de determinada atribuição constitucional; uma terceira forma de mutação constitucional também resultante de atuação prática, porém aqui contrapondo-se ao Texto Constitucional; e por fim, a mutação constitucional produto direto de interpretação textual. Esta última, destaca-se.

Para Mendes, forte na premissa de que a norma não se confunde com o texto, a evolução de uma situação de fato ou "por força de uma nova visão jurídica", a Constituição pode passar a ser lida de forma nova, assumindo diverso sentido de um proclamado anteriormente, embora gramaticalmente mantenha-se o mesmo.[21] Não fora assim, consagrado restaria o risco da supremacia e de sua rigidez absolutas do Texto Constitucional, nada obstante nova percepção acerca de dada categoria ou conceito jurídico, ou mesmo valor, no âmbito de determinada sociedade. Com Barroso, é possível confirmar-se:

---

20 HORTA, Raul Machado, *op. cit.*, p. 102. Como notas de nºs 17 e 18 (p. 102), o Autor faz referência a GARCÍA-PELAYO, Manuel, *in* Derecho constitucional comparado. Alianza Editorial, 1984, p. 137, e à VERDÚ, Pablo Lucas, *in* Curso de derecho político. Madrid: Tecnos, 1984, v. 4, pp. 179/180.

21 MENDES, Gilmar Ferreira, COELHO, Inocêncio Mártires, BRANCO, Paulo Gustavo Gonet, *op. cit.*, p. 230.

> "A idéia do bem, do justo, do ético varia com tempo".[22]

Reinterpretar o Texto Constitucional dando-lhe nova dicção importa considerar situações em que, na lição de Anna Cândida da Cunha Ferraz, ou há elastério no sentido do grafado, alcançando-se novas realidades; ou encampam-se novos sentidos para passagens do texto constitucional, adaptando-se o a uma nova realidade social ou para que este possa fazer frente a exigências verificáveis no exato momento da sua efetiva aplicação; ou quando se colmatam lacunas do texto constitucional; ou, finalmente, sublinhando-se,

> "quando se modifica interpretação anterior e se lhe imprime novo sentido, atendendo à evolução da realidade constitucional".[23]

Por óbvio, de outro giro, que uma interpretação que deságue em inovação na leitura do Texto Constitucional, que defenda uma modificação na forma como se vinha até aquele momento entendendo a mensagem constitucional, deve cercar-se de cautelas e atenções especiais, como defendido por Barroso, para quem, no que parece indene de quaisquer dúvidas,

> "O fenômeno da mutação constitucional por alterações da realidade tem implicações diversas, inclusive e notadamente no plano do controle de constitucionalidade."[24]

## I.3. Abordagens da definição de correção decisional jurídica

Não se afastando do escopo destas linhas iniciais, de tentativa de exposição geral dos problemas que envolvem (i) a segurança jurídica e (i.i) a imprescindibilidade da legitimidade nas relações jurídicas como viabilizadora da confiança nestas; e (ii) a inevitabilidade, fruto da dinâmica nas relações sociais e jurídicas, das alterações na compreensão do normatizado e do seu significado,

---

22 BARROSO, Luís Roberto, *op. cit.*, p. 136.

23 FERRAZ, Anna Cândida da Cunha. Processos informais de mudança da Constituição: mutações constitucionais e mutações inconstitucionais. São Paulo: Max Limonad, 1986, pp. 38-39.

24 BARROSO, Luís Roberto, *op. cit.*, p. 138.

e (ii.i) dos processos por intermédio dos quais as mudanças se fazem; cabe definir, sintenticamente, os limites para construção das justificativas jurídicas à aceitabilidade das mesmas mudanças. Não presentes sustentáveis argumentos, as decisões pelas mudanças padecerão de ilegitimidade e as relações jurídicas decorrentes, desde o seu momento inicial, igualmente, verificando-se situação de insegurança e desconfiança jurídicas.

Em tal direção e com precisa noção, repise-se, dos objetivos iniciais deste trabalho, abordar-se-ão conteúdos que (i) definam a argumentação como jurídica e assim sustentavelmente jurídica; (ii) as noções (ii.i) de justificação, (ii.i.i) interna e (ii.i.ii) externa, e (ii.ii) o papel dos precedentes; (iii) as noções (iii.i) de pretensão de correção e (iii.ii) de coerência.

A tanto, o momento que está para iniciar-se buscará apoio nos estudos de Robert Alexy[25] e em algumas das observações àqueles de parte de Manoel Atienza.[26]

### *I.3.1. Argumentação jurídica*

Para Karl Larenz[27] há "perdas da certeza no pensamento jurídico".[28] Inquestionavelmente, o Direito, reflexo que é do social,[29] inseriu-se em uma crise, a da razão:

---

25 ALEXY, Robert. Teoria da argumentação jurídica: a teoria do discurso racional como teoria da fundamentação jurídica. Zilda Hutchinson Schild Silva (trad.). Cláudia Toledo (revisão técnica da tradução e apresentação à edição brasileira). 3ª edição. Rio de Janeiro: Grupo Editorial Nacional (gen); Editora Forense, 2011.

26 ATIENZA, Manuel. As razões do Direito: teorias da argumentação jurídica – Perelman, Toulmin, MacCornick, Alexy e outros. Maria Cristina Guimarães Cupertino (trad.). Sylmara Beletti (rev.). 2ª ed. São Paulo: Landy Livraria Editora e Distribuidora, 2002.

27 LARENZ, Karl. Metodologia da ciência do direito. José Lamego (trad.). 3ª ed. Lisboa: Fundação Calouste Gulbenkian, 1997.

28 Larenz (*op. cit.*, p. 1, Introdução) citando Gorg Haverkate, Gewißheitsverluste im juristischen Denken: Zur politischen Funktion der juristischen Methode. Berlim, 1977, segundo nota do tradutor.

29 "O Direito é, por conseguinte, um fato ou fenômeno social, não existe senão na sociedade e não pode ser concebido fora dela". Continua forte a lição de Reale, não deve haver dúvida. Cf. REALE, Miguel, Lições preliminares de direito, 7ª ed., São Paulo: Saraiva, 1980, p. 2.

> "'a razão ocidental está em crise' (M. Meyer). E o paradoxal desta crise da razão é, pode dizer-se, o ser ela, afinal, a crise de uma dogmática _ da dogmática justamente do racionalismo moderno-iluminista."[30]

Ainda assim, mesmo que se o admita que o jurídico padece de incertezas incontornáveis,[31] não há porque, e não se deve mesmo o admitir, abrir-se mão de buscar alguma certeza na forma como se constrói a argumentação jurídica racional. A pretexto de bem demonstrar o papel da valorização da necessidade de uma Teoria da Argumentação Jurídica Racional na discussão metodológica atual, informa-se que o Tribunal Constitucional Federal da Alemanha,

---

30 CASTANHEIRA NEVES, A. A crise actual da filosofia do direito no contexto da crise global da filosofia: tópicos para a possibilidade de uma reflexiva reabilitação. Boletim da Faculdade de Direito de Coimbra: Coimbra Editora, 2003, p. 20, *apud*, BITTAR, Eduardo C. B., O direito na pós-modernidade, Rio de Janeiro: Forense Universitária, 2005, pp. 21/22.

31 Alexy já na Introdução ao seu referido Texto como base ao presente estudo (Teoria da argumentação jurídica: a teoria do discurso racional como teoria da fundamentação jurídica. Zilda Hutchinson Schild Silva (trad.). Cláudia Toledo (revisão técnica da tradução e apresentação à edição brasileira). 3ª edição. Rio de Janeiro: Grupo Editorial Nacional (gen); Editora Forense,. 2011, p. 19), cita Larenz, que afirma que "Ninguém mais pode afirmar seriamente que a aplicação das normas jurídicas *não é senão* uma subsunção lógica às premissas maiores abstratamente formuladas" (itálico do original, *in* LARENZ, Karl, *id.*, *op. cit.*, p. 154), para elencar quatro motivos que justificariam, a reboque do referido Autor (Larenz), porque "Em um grande número de casos, a decisão jurídica que põe fim a uma disputa judicial, expressa em um enunciado normativo singular, não se segue logicamente das formulações das normas jurídicas que se supõem vigentes (...)". Seriam esses os motivos: imprecisão da linguagem jurídica; conflito entre normas jurídicas como possibilidade; casos em que inexistiria regulamentação específica e adequada ao caso sob exame; e " (4) a possibilidade, em casos especiais, de uma decisão que contraria a literalidade da norma". Adverte preocupado que o objetivo das suas investigações conforme expostas em seu "Teoria da argumentação jurídica: a teoria do discurso racional como teoria da fundamentação jurídica", não é a questão da constitucionalidade das decisões relativas a casos em que inexiste regulamentação específica ou sobre a possibilidade de uma decisão que contraponha-se à literalidade de dada norma, " (...) mas a questão de também essas decisões poderem ser racionalmente fundamentadas (...) " (cf., Nota nº 21, p. 20, *op. cit.*).

em uma Decisão, assumiu como desejável a clareza do que deve ser entendido por argumentação racional:[32]

> "O Tribunal constata, primeiro, que em relação ao art. 20, da Lei Fundamental, 'o Direito... não se identifica com o conjunto de leis escritas'. O juiz não está, portanto, 'constrangido pela Lei Fundamental a aplicar ao caso concreto as indicações do legislador dentro dos limites do sentido literal possível'".[33]

E prossegue a Corte Constitucional:

> "A tarefa da aplicação do Direito pode 'exigir, em especial, evidenciar e realizar valorações em decisões mediante um ato de conhecimento valorativo (...)'".[34]

Porém, no que se acompanha o Autor, destaca-se ainda na citação ao Tribunal Constitucional Federal da Alemanha que

> "O Juiz deve atuar sem arbitrariedade; sua decisão deve ser fundamentada em uma *argumentação racional*". (itálico constante do original)[35]

Alexy deixa claro que entende a manifestação jurídica como uma forma de discurso e como tal identifica teorias sobre discussão crítica, reconhecendo que o discurso jurídico é um caso especial do discurso prático geral. Para o Autor o discurso prático geral, do qual derivaria o caso especial do discurso jurídico, assim se caracteriza porque presentes referências a questões práticas, e porque igualmente verificável que a discussão dessas questões incorpora, sublinhe-se, "a pretensão de correção".[36]

O Autor ainda procurando bem caracterizar o discurso prático geral apresenta[37] uma série de regras que devem ser necessariamen-

---

32 ALEXY, Robert, *op. cit.*, p. 39.

33 *Id., ibid., op. cit.*

34 *Id., ibid., op. cit.*

35 *Id., ibid., op. cit.*

36 ALEXY, Robert, *op. cit.*, p. 210.

37 ALEXY, Robert, *op. cit.*, pp. 187-203; para uma visão puramente esquemática, pp. 287-289 (Apêndice).

te atendidas na confirmação da racionalidade do discurso. Seriam essas regras (i) as fundamentais; (ii) as de razão; (iii) as de carga de argumentação; (iv) as de fundamentação; e (v) as de transição.

Regras fundamentais são definidas como as que possibilitariam a comunicação lingüística "em que se trate da verdade ou correção"(g.n.).[38] Para tanto, nenhum participante do debate ou discursante pode contradizer-se; afirmar aquilo a que não devota crença; por coerência, todo falante somente pode defender dado juízo de valor acaso o faça igualmente para situações que guardem identidade com a que toma por referência; e uma expressão não pode ser empregada com diferentes significados.[39]

Por regras de razão deve-se compreender as que sustentam a "justificação da asserção de enunciados normativos",[40] isso na medida em que aquele que participa do debate quer não apenas afirmar algo; pretende que esse algo seja verdadeiro e correto (pretensão de correção). E a tanto, aquele que afirma algo deve, acaso dele demandado, necessariamente o fundamentar.[41]

Para uma disciplina sobre o nível de profundidade e de alcance da fundamentação das asserções impõem-se as regras sobre a carga de fundamentação. Assim se o falante pretende tratar diferentemente uma questão deve mostrar-se habilitado a fundamentar o porquê. Também, se esse falante ao exercer a sua posição o faz atacando uma proposição (ou norma) que não é objeto da discussão, deve explicar porque o faz. Ainda, se um participante do debate opta por afirmar desejos, necessidades ou simplesmente opina, como que sugerindo que o faz porque buscando acentuar a carga de dramaticidade e de sensibilidade da ou à sua argumentação, deve, acaso a ele demandado e para afastar dúvidas quanto ao propósito, esclarecer porque age assim. Por fim, quem aduz "um argumento está obrigado a dar mais argumentos em caso de contra-argumentos".[42]

38 ALEXY, Robert, *op. cit.*, p. 187.

39 ALEXY, Robert, *op. cit.*, pp. 187-190.

40 ALEXY, Robert, *op. cit.*, p. 190.

41 ALEXY, Robert, *op. cit.*, pp. 190-193.

42 ALEXY, Robert, *op. cit.*, p. 208.

Regras de fundamentação dizem de perto da busca de máximo prestígio da racionalidade, afastando o falante de argumentos recheados de adulações, ameaças e acusações. Para que assim se faça, dá-se aqui destaque às formas por intermédio das quais se lidam com as regras ditas morais. Regras morais de um discursante devem suporte os testes das comprovações histórico-crítica, isto é, se se ainda confirmam, tal qual originariamente, ou se mesmo originariamente, verdadeiramente, se justificavam; e de sua formação individual. Em outras palavras, sobre o último ponto, se o mesmo discursante, ao empregar o argumento moral, está disposto ou pode permanecer no debate.[43]

Por fim, situações ocorrem em que aos discursos práticos gerais determinam-se questões de fato, de problemas lingüísticos e relativos à própria fórmula de discussão (Teoria da Argumentação eleita). A esses momentos deve restar clara a autorização de que a qualquer um e a qualquer momento será possível lançar mão de algum argumento teórico novo, de algum argumento sobre a linguagem e de algum questionamento sobre a própria forma teórica de argumentação escolhida, apontando as suas fragilidades ante alguma outra forma (Teoria da Argumentação alternativa).[44]

Contudo, mesmo reconhecendo-se ao discurso prático geral o papel de, digamos, fonte ao discurso jurídico, deve se admitir que àquele, dados os seus expressos limites, faltam as condições para, consideradas as suas características e regramento, nele permanecerem os discursantes quando presentes problemas jurídicos.[45]

Alexy explica que um discurso jurídico, cuidando da justificação de decisão jurídica, distingue-se em dois planos de justificação. Um primeiro de justificação interna, segundo o qual se verifica se uma decisão jurídica apresenta-se como logicamente derivada de uma premissa escolhida pela falante. E um de justificação externa, momento em que examina-se a correção das próprias premissas apontadas.[46]

43 ALEXY, Robert, *op. cit.*, pp. 201/202.

44 ALEXY, Robert, *op. cit.*, p. 203.

45 ALEXY, Robert, *op. cit.*, pp. 203-205.

46 ALEXY, Robert, *op. cit.*, p. 219.

Entendendo a justificação interna no discurso jurídico como, amplamente, invocação e aplicação do "silogismo jurídico",[47] Alexy elenca uma proposta de regramento. Alcança um total de cinco regras:[48] (i) a fundamentação de uma decisão jurídica deve apoiar-se em ao menos uma norma tomada por universal; (ii) "a decisão jurídica de ser seguida logicamente de, pelo menos, uma norma universal, junto com outras proposições";[49] (iii) não importando a correção das premissas invocadas, objeto de preocupação de justificação externa, mas sendo de importância que para dadas situações, devem-se obter normas cada vez mais concretas, a terceira regra de justificação interna informa que sempre houver dúvida sobre se a conclusão deriva de uma premissa ou de outra, será necessário a apresentação de uma outra norma que decida a questão; (iv) o desenvolvimento da argumentação deve seguir progressivamente até que a questão não seja mais discutível; e (v) "deve-se articular o maior número de etapas de desenvolvimento".[50]

Falando em justificação externa, o Autor leciona que

> "O objeto da justificação externa é a fundamentação das premissas usadas na justificação interna. Ditas premissas podem ser de tipos bastante diferentes. Pode-se distinguir: (1) regras de direito positivo; (2) enunciados empíricos e (3) premissas que não são nem enunciados empíricos nem regras de direito positivo.
>
> (...)
>
> A estes diferentes tipos de premissas correspondem distintos métodos de fundamentação".[51]

Há seis diferentes tipos de espécies de regras de justificação externa, podendo se referir à interpretação, argumentações dogmática, prática (geral), e empírica; ao que identifica como formas especiais de argumentação jurídica; e, finalmente, ao, sublinha-se, uso de precedentes, afirmando Alexy que

47 *Id., ibid., op. cit.*

48 ALEXY, Robert, *op. cit.*, pp. 219-228; para uma visão puramente esquemática, p. 290 (Apêndice).

49 ATIENZA, Manuel, *op. cit.*, p. 254.

50 ALEXY, Robert, *op. cit.*, p. 290.

51 ALEXY, Robert, *op. cit.*, p. 228.

> "A tarefa de uma teoria da justificação externa é, em primeiro lugar, a análise lógica das formas de argumentação que se reúnem nestes grupos"[52] (espécies de regras de justificação externa).

Novamente sob a justificativa do escopo destas linhas, e genericamente listando regras primeiramente ligadas à argumentação (prática e dogmática),[53] quais sejam,[54] (i) deve ser saturada toda forma de argumento que houver entre os cânones da interpretação; (ii) argumentos baseados na literalidade normativa ou na vontade do legislador prevalecem aos demais, salvante hipótese em que se possa justificar racionalmente o emprego de outros argumentos; (iii) a ponderação será empregada na determinação dos pesos específicos dos argumentos; (iv) devem ser levados em consideração todos os argumentos que possam ser propostos, e que possam ser incluídos, por sua forma, entre os cânones da interpretação.

Em termos de formas especiais de argumentação jurídica, Atienza[55] esclarece, referindo-se a Alexy, que três seriam as formas de argumentos jurídicos especiais: o argumento *a contrario*, a analogia e a redução ao absurdo. Também, que tais formas de argumento são formas especiais de discurso prático geral, Alexy assevera que tais formas devem ser saturadas.

Argumentação dogmática, que ainda o próprio Alexy é uma disciplina pluridimensional[56] na medida em que opera, em seu sentido mais amplo,[57] com a descrição do Direito vigente, com sua análise sistemática e conceitual e com a elaboração de propostas para soluções de casos "jurídico-problemáticos";[58] ou em seu sentido mais estrito e próprio, já reconhecido no momento

52 ALEXY, Robert, *op. cit.*, p. 229.

53 O Autor não propõe regras para a argumentação empírica, e para as interpretações histórica, comparada e sistemática (cf. ALEXY, Robert, *op. cit.*, p. 291).

54 ALEXY, Robert, *op. cit.*, pp. 291-292.

55 ATIENZA, Manuel, *op. cit.*, p. 262.

56 ALEXY, Robert, *op. cit.*, p. 247.

57 *Id., ibid., op. cit.*

58 *Id., ibid., op. cit.*

da Jurisprudência dos Conceitos[59] como "a matemática social da dogmática jurídica",[60] com a análise lógica dos conceitos jurídicos, com a inserção dos resultados dessa análise (lógica) em um sistema e com a aplicação desse conjunto na fundamentação de decisões jurídicas, pode ser definida como

> " (...) (1) uma série de enunciados que (2) se referem à legislação e à aplicação do Direito, mas que não se podem identificar com sua descrição, (3) estão entre si numa relação de coerência mútua, (4) formam-se e discutem dentro de uma Ciência do Direito que funciona institucionalmente e (5) têm conteúdo normativo".[61]

E quais as regras invocáveis quando presentes argumentos dogmáticos em debate?[62] A primeira é a de que se e quando posto em dúvida, um enunciado dogmático deve ser fundamentado mediante o emprego de pelo menos um argumento de tipo geral.

Em segundo, determina-se que todo enunciado dogmático deve guardar coerência e estruturação sistemática tanto do ponto de vista estrito - isto é, se esses se ajustam a outros enunciados dogmáticos já aceitos e às normas jurídicas em vigor - quanto do ponto de vista amplo - isto é, se as decisões fundamentadas em enunciados jurídicos dogmáticos e normas jurídicas vigentes são

---

59 Para uma análise histórico-conceitual desse momento da Ciência do Direito, o da Jurisprudência dos Conceitos, permanece de grande precisão as linhas de Larenz em seu Metodologia da ciência do direito ( LARENZ, Karl. Metodologia da ciência do direito. José Lamego (trad.). 3ª ed. Lisboa: Fundação Calouste Gulbenkian, 1997, pp. 21-44.

60 ALEXY, Robert, *op. cit.*, p. 249.

61 Alexy informa que Jhering, crítico duro deste modelo de dogmática jurídica, que acentua a opção por uma pretensa "cientifizisação" do Direito somente quando verificada sua máxima aproximação da lógica, não ficou isolado em sua posição. Ao seu lado numerosos outros Autores, de cujos trabalhos pode-se extrair a suma dessas críticas: " (...) unicamente com os meios da análise lógica e da dedução lógica não se podem alcançar novos conteúdos normativos". Cf., ALEXY, Robert, *op. cit.*, pp. 249-250 e Nota nº 110 desta mesma página.

62 ALEXY, Robert, *op. cit.*, pp. 252-267; para uma visão puramente esquemática, p. 292 (Apêndice).

compatíveis com outras decisões.[63] E por fim, se são possíveis argumentos dogmáticos, esses devem ser empregados.

De sua parte, duas são as regras, para Alexy,[64] quanto ao uso dos precedentes, ponto que se deve especialmente destacar, segundo os propósitos deste Trabalho.

A primeira regra é a de que quando se puder invocar um precedente, não importando se contrária ou favoravelmente a uma decisão, deve-se fazê-lo. E a última, impondo àquele que se afastar de um precedente a carga (máxima) da argumentação.

Diz-se da especial preocupação na exploração da passagem que se refere ao emprego dos precedentes, observado o escopo deste trabalho, trabalho de confrontar os resultados das inflexões e das mudanças de entendimento jurisprudencial constitucional, sobretudo com manutenção dos textos normativo-constitucionais (mutação constitucional), ante o prestígio das noções de segurança jurídica e da confiança legítima.

O uso dos precedentes, para Atienza, é plenamente justificado porque, em âmbito discursivo, de se inadmitir absoluta mutabilidade e incompatibilidade entre si de decisões judiciais (jurídicas) de mesmo objeto e que se sucedam. De outro lado, se não aceitáveis mudanças na compreensão e respectiva solução de dado problema jurídico, a própria noção de jurídico, na medida em que supostamente refém da sua imutabilidade, cederia, assim como a noção de argumentação jurídica. A tensão fica por conta, portanto, da necessidade de se equilibrar a necessidade de mudança na interpretação, de um lado, e de outro, de ser preservada a igualdade no tratamento dessa mesma interpretação (Princípio da Universalidade).[65] De qualquer sorte, repise-se, podendo ser empregado um precedente, esse deve ser apresentado. Acaso, contudo, afastando-se de um precedente, não se o tomando em conta ou rejeitando-o a pretexto da sua superação com alteração

---

63 Definições dadas por Atienza (Cf., ATIENZA, Manuel, *op. cit.*, pp. 260-261.

64 ALEXY, Robert, *op. cit.*, pp. 267-271; para uma visão puramente esquemática, p. 292 (Apêndice).

65 Para uma explanação e definição do Princípio da Universalidade, confira-se "A Teoria de Hare sobre a Argumentação Moral", pp. 73-84, *in* ALEXY, Robert, *op. cit.*

no quadro de suas referências (contexto), aquele que o propugnar (pela rejeição/superação) deve suportar o ônus de explicar porque (e como) assim procede:

> "(...) surge como questão de princípio a exigência de respeito aos precedentes, admitindo afastar-se deles, mas cabendo em tal caso a carga da argumentação a quem queira se afastar. Rege, pois, o princípio de inércia perelmaniano que exige que uma decisão só pode ser mudada se se podem apresentar razões suficientes para isso".[66]

### *I.3.2. Pretensão de Correção e Coerência*

Com antes anotado, para Alexy, o discurso jurídico mostra-se como espécie do discurso prático geral, caracterizando-se aquele em razão das questões práticas abordadas em seu âmbito, e porque tal modelo de discussão alcança a denominada pretensão de correção.[67] Mas como se define a pretensão de correção, elemento caracterizador do discurso jurídico?

Segundo Atienza,[68] fazendo referência aos estudos de Alexy, a pretensão de correção é uma tradução, "um caso", da pretensão de justiça. Já para (diretamente) Alexy, a questão mais importante relativa à pretensão de correção refere-se a saber se esta estaria realmente presente nas decisões judiciais. Problematizando a noção de decisão judicial segundo a sua formulação, conclui que uma decisão judicial que não adote a pretensão de correção pode até se manter mostrando-se como tal, mas apresentar-se-á também como decisão judicial defeituosa. Vale dizer, uma decisão judicial que não incorpore pretensão de justiça, é inclinada, incorreta. Não se admitem decisões judiciais que se pautem exclusivamente pela observância cartesiana ao silogismo (jurídico).

---

66 Segundo Alexy, para Perelman o Princípio de Inércia serve de fundamento à invocação ao precedente (Cf. ALEXY, Robert, *op. cit.*, p. 268, Nota nº 174. Da mesma Nota, remissão às páginas 179 a 172 do mesmo ALEXY, Robert, *op. cit.*, capítulo I.IV.7).

67 Vida página 10 e Nota nº 35, supra.

68 ATIENZA, Manuel, *op. cit.*, p. 253.

Essa demanda, a de atenção a mais do que lógica formal, pode ser identificada, sem que se deixe de atentar para os processos dialogais como vias de máximo conteúdo democrático, a partir de leituras de, *e.g.*, Habermas e MacCormick. Para o primeiro,

> (...) o Estado Democrático de Direito como a institucionalização de processos e pressupostos comunicacionais necessários para uma formação discursiva da opinião e da vontade, a qual possibilita, por seu turno, o exercício da autonomia política e a criação legítima do direito".[69]

Mas para que se bem atenda à exigência de inserção ao caráter eminentemente dialogal na formação do justo,[70] uma outra noção se faz de importância. Referência feita à noção de coerência. Para MacCormick, a coerência, ao lado da consistência que apontaria para ausência de contradição lógica, pode ser definida como a compatibilidade axiológica entre regras, sempre pautando-se a aferição por justificativa de natureza principiológica.[71]

Inquestionavelmente, este último conceito (coerência) alinhado ao de pretensão de correção (pretensão de justiça), ambos sob o abrigo da noção de diálogo e possibilidade de dissenso,[72] perfeitamente inserto está nos mais aceitáveis limites do Estado Democrático de Direito.

---

69 HABERMAS, Jurgen. Direito e democracia: entre facticidade e validade. Rio de Janeiro: Tempo brasileiro, 2003, v. II, p. 181, *apud*, MARTINS, Argemiro Cardoso Moreira, ROESLER, Cláudia Rosane, JESUS, Ricardo Antônio Rezende de. A noção de coerência na teoria da argumentação jurídica de Neil MacCormick: caracterização, limitações, possibilidades.. Disponível em:<http://siaiweb06.univali.br/seer/index.php/nej/article/view/3281>. Acesso em: 20 de fev. de 2014, p. 212.

70 MARTINS, Argemiro Cardoso Moreira, ROESLER, Cláudia Rosane, JESUS, Ricardo Antônio Rezende de, *op. cit.*, *id.*

71 Cf., MACCORMICK, Neil. Retórica e estado de direito. Tradução de Conrado Hubner Mendes. Rio de Janeiro: Elsevier, 2008, p. 301, *apud*, MARTINS, Argemiro Cardoso Moreira, ROESLER, Cláudia Rosane, JESUS, Ricardo Antônio Rezende de, *op. cit.*, p. 215.

72 MARTINS, Argemiro Cardoso Moreira, ROESLER, Cláudia Rosane, JESUS, Ricardo Antônio Rezende de, *op. cit.*, p. 212.

## I.4. Conclusões Introdutórias

O Direito apresenta-se amoldando-se à dinâmica das relações sociais. É decorrência dessa constatação a impropriedade, melhor dito, a impossibilidade de se pretender que visões, entendimentos, conceituações e decisões jurídicas tomadas em dado e certo contexto permaneçam cristalizadas perenemente. As decisões jurídicas não podem escapar da subordinação às referências e consequências que se imponham a partir de um determinado termo temporal.

De outro giro, uma tendência sem limitações à desestabilização, à inconstância, ao desprezo à perenização, traço fundante da categoria conceitual Direito, induz à direção da insegurança e da inconfiança jurídicas. É necessário, portanto, que estabeleçam diretivas que orientem o intérprete no enfrentamento dos problemas e casos jurídicos.

Tratar de alterações nas concepções jurídicas e de justo é examinar os institutos estudados na interpretação jurídica sob todas as suas formas, principalmente canônicas, é focalizar as formulas de superação de antinomias e, especialmente, iluminar as formas que assumem processualmente as mudanças normativas. Destacam-se nestas as mudanças constitucionais derivadas e as conceituadas como, ainda a partir do patamar constitucional, mutações.

Certo é, contudo, que ao ser confrontado o estudioso, o debatedor ou o falante com uma questão jurídica de nível constitucional, poderá ser forçado a colocar sob lentes o quadro referencial presente, destacando-se os precedentes, e superpor a este eventuais argumentos que advoguem a sua superação. Nesse momento, inescapavelmente, considerando as máximas possibilidades gramaticais, sobretudo semânticas, deverá o participante do debate bem ponderar o que em confronto segundo o que, de modo coerente, seja aceitável principiologicamente.

Tudo sempre sem que se olvide que a melhor tradução do justo democraticamente desenhado resulta de diálogo e da aceitação do dissenso, e de que a argumentação *in genere* é de onde deriva a argumentação jurídica sob formato especial. Assim na medida em que a argumentação jurídica para se fazer aceitável deve incorporar procedimentos, passos, regras e opções específicas.

Daí que se apresentada uma nova proposição ou enfoque o ônus de mais e melhor argumentar recai sobre o que por essa forma optou.

Também, que se uma abordagem, cotejando-se com situação jurídica até ali prevista e aceita, desconsidera a igualdade de tratamento ou a sua universalidade, essa mudança deverá ser meticulosamente exposta.

Quando se afirma que a argumentação jurídica é espécie de argumentação prática geral a ênfase está em, ponderadamente sempre e com máxima atenção à confiança legítima dos falantes, confirmar como norte axiológico o que se alcança com a pretensão de correção, a pretensão de justiça.

## II. CONCEITO DE FATURAMENTO NA JURISPRUDÊNCIA DO SUPREMO TRIBUNAL FEDERAL E TRIBUTAÇÃO COM BASE NA CONTRIBUIÇÃO PARA O FINANCIAMENTO DA SEGURIDADE SOCIAL DE INSTITUIÇÕES FINANCEIRAS

### II.1. Conceito de faturamento assentado na jurisprudência do supremo tribunal federal

Por razões de natureza metodológica, toma-se como marco inicial para verificação e exame do conceito de faturamento encampado pelo Supremo Tribunal Federal o exarado por ocasião do julgamento do Recurso Extraordinário nº 150.755/PE, Relatoria do Ministro Carlos Velloso, Relatoria para o Acórdão do Ministro Sepúlveda Pertence.[73]

Na ocasião, julgando Mandado de Segurança, a Corte Constitucional, por votação unânime (Pleno), conhecendo do recurso interposto com base na letra b, inciso III, do art. 102 da Constituição Federal de 1988, por maioria de votos (Pleno), limitando-se a examinar a constitucionalidade ou não do art. 28 da

73 BRASÍLIA, Supremo Tribunal Federal, RE 150.755/PE, Relator: Ministro Carlos Velloso, Relator para o Acórdão: Ministro Sepúlveda Pertence, 1992.

Lei n. 7.738, de 1989, considerou a expressão receita bruta como correspondente a faturamento.[74-75]

A pretexto de enfrentar a questão da base de cálculo da contribuição social sobre o lucro das pessoas jurídicas destinada ao financiamento da seguridade social (Lei nº 7.689, de 1988, art. 1º), isto é, se cuidar-se-ia de faturamento ou de receita bruta, distinção que apontaria como base normativa ou o art. 195, I, situação em que a veiculação da espécie tributária poderia ser fazer por lei ordinária, ou o art. 195, § 4º, da Constituição Federal, situação que imporia lei complementar para a veiculação da espécie tributária, o Supremo Tribunal Federal, sob voto divergente, assentou que, à parte tal questão (fórmula normativa para instituição da contribuição), a referida distinção (receita bruta/faturamento) não encontraria respaldo no quadro do direito positivo pertinente à espécie, " (...) ao menos, em termos tão inequívocos que induzisse, sem alternativa, à inconstitucionalidade da lei"(g.n.).

Invocando o art. 12 do Decreto-Lei nº 1.598, de 1977, que adaptou a legislação do imposto de renda à Lei das Sociedades por Ações ( Lei nº 6.404, de 1976), e o art. 22 do Decreto-Lei nº 2.397, de 1987[76], que alterou a base de cálculo da contribuição social destinada a custear investimentos de caráter assistencial em alimentação, habitação popular, saúde, educação, justiça e amparo ao pequeno agricultor (Contribuição ao Fundo de Investimento Social - Finsocial), o Ministro Relator para o acórdão afirmou:

> "Parece curial, data venia, que a partir da explícita vinculação genética da contribuição social de que cuida o art. 28 da L. 7.738/89 ao Finsocial, é na legislação desta, e não alhures, que se há de buscar a definição específica da respectiva base de cálculo, na qual receita bruta e faturamento se identificam: mais ainda que no tópico ante-

74 Voto do Ministro Sepúlveda Pertence.

75 Mandado de Segurança denegado, vencidos os Ministros Relator e Marco Aurélio, que negaram provimento ao recurso, declarando a inconstitucionalidade de tal dispositivo e mantendo a concessão da segurança.

76 Deu nova redação ao § 1° do art. 1° do Decreto-lei n° 1.940, de 1982, cujo caput foi alterado pelo art. 1° da Lei n° 7.611, de 1987, mantidos os seus §§ 2° e 3° e acrescido dos §§ 4° e 5°.

> rior, essa é a solução imposta, no ponto, pelo postulado da interpretação conforma a Constituição." (g.n.)

Finaliza o Relator, afirmando não enxergar inconstitucionalidade no focalizado art. 28 da 7.738, de 1989, cuja higidez jurídico-constitucional, segundo os limites do recurso manejado (RE nº 150.755/PE), desde que sobrevalente a restrição do conceito de receita bruta à noção de faturamento (das empresas prestadoras de serviço).[77]

Em outra ocasião, quando do julgamento do recurso extraordinário nº 346.084/PR, Relatoria do Ministro Ilmar Galvão, Relatoria para o Acórdão do Ministro Marco Aurélio,[78] uma vez mais, e esse momento, como se verá, outro[79] de renovação do entendimento esposado no julgamento do RE nº 150.755/PE,[80] o Supremo Tribunal Federal, tratando do art. 3º, § 1º, da Lei nº 9.718, de 1998,[81] e dos efeitos eventuais da Emenda Constitucional nº 20, de 1998, confirmou que

---

77 Ementa: I. Controle de constitucionalidade das leis em recurso extraordinário e o problema do Finsocial exigível das empresas de serviço. (...) 8. A contribuição social questionada se insere entre as previstas no art. 195, I, CF e sua instituição, portanto, dispensa lei complementar: no art. 28 da L. 7.738/89, a alusão a "receita bruta", como base de cálculo do tributo, para conformar-se ao art. 195, I, da Constituição, há de ser entendida segundo a definição do Dl. 2.397/87, que é equiparável à noção corrente de "faturamento" das empresas de serviço.

78 BRASÍLIA, Supremo Tribunal Federal, RE 346.084/PR, Relator: Ministro Ilmar Galvão, Relator para o Acórdão: Ministro Marco Aurélio, 2005.

79 Outros exemplos: RE nº 150.764 e ADC nº 1; REs nºs 357.950, 358.273 e 390.840.

80 Com base no permissivo constitucional insculpido na letra "a" (art. 102, III, cf/88).

81 Alteração da base de cálculo das contribuições para o Programa de Integração SOCIAL - PIS, para o Programa de Formação do Patrimônio do Servidor Público - PASEP e para o Financiamento da Seguridade Social - COFINS, devidas pelas pessoas jurídicas de direito privado. Era assim redigido o § 1º do art. 3º, dispositivo abrogado, por conseqüência do julgamento constitucional, pela Lei nº 11.941, de 2009: "Art. 3º O faturamento a que se refere o artigo anterior corresponde à receita bruta da pessoa jurídica; § 1º.Entende-se por receita bruta a totalidade das receitas

> "ante a redação do artigo 195 da Carta Federal anterior à Emenda Constitucional nº 20/98, consolidou-se no sentido de tomar as expressões receita bruta e faturamento como sinônimas, jungindo-as à venda de mercadorias, de serviços ou de mercadorias e serviços (...)."

Sendo por isso

> "(...) inconstitucional o § 1º do artigo 3º da Lei nº 9.718/98, no que ampliou o conceito de receita bruta para envolver a totalidade das receitas auferidas por pessoas jurídicas, independentemente da atividade por elas desenvolvida e da classificação contábil adotada".

O Ministro Relator para o Acórdão, Ministro Marco Aurélio, resgatando o que pronunciou em relação ao julgamento do RE nº 390.840-5/MG, afirma que tivesse o legislador detido-se na alusão a faturamento, em suas palavras, "sem dar-lhe, no campo da ficção jurídica, conotação discrepante da consagrada por doutrina e jurisprudência", a solução, idêntica à concernente à Lei nº 9.715/98, apontaria para o conceito de faturamento, como, novamente segundo o Relator, explicitado na Ação Declaratória de Constitucionalidade nº 1-1/DF, como o idêntico ao conceito de receita bruta das vendas de mercadorias, de mercadorias e serviços e de serviços.

> "Respeitado estaria o Diploma Maior ao estabelecer, no inciso I do artigo 195, o cálculo da contribuição para o financiamento da seguridade social devida pelo empregador, considerado o faturamento. Em última análise, ter-se-ia a observância da ordem natural das coisas, do conceito do instituto que é o faturamento, caminhando-se para o atendimento da jurisprudência desta Corte".

---

auferidas pela pessoa jurídica, sendo irrelevantes o tipo de atividade por ela exercida e a classificação contábil adotada para as receitas". A partir de janeiro do exercício de 2015, a redação do art. 3º, *caput*, por força do disposto na Medida Provisória nº 627, de 2013, passará a: "Art. 3º O faturamento a que se refere o art. 2º (referência à base de cálculo adotada, isto é, em relembrança, o faturamento) compreende a receita bruta de que trata o art. 12 do Decreto-Lei nº 1.598, de 26 de dezembro de 1977". Este comando por sua vez informa que "Art. 12 A receita bruta das vendas e serviços compreende o produto da venda de bens nas operações de conta própria e o preço dos serviços prestados".

Não fosse o § 1º do art. 3º (vide Nota 80, supra) respeitada restaria a jurisprudência do STF, isto é, a identidade dos conceitos faturamento e receita bruta. Com a mensagem adotada pelo referido § 1º (do art. 3º), para o Ministro fez-se incluir no conceito de receita bruta todo e qualquer valor auferido pela empresa, não sendo relevante a origem e a sua classificação contábil.

Antecipou-se o legislador ordinário à Emenda Constitucional nº 20, que deu nova redação ao artigo 195 da Constituição Federal, ao cuidar da incidência da contribuição sobre a receita ou o faturamento. Para o Ministro Relator para o Acórdão:

> "A disjuntiva 'ou' (adotada pela redação da EC 20) bem revela que não se tem a confusão entre o gênero 'receita' e a espécie 'faturamento'"

Para o Ministro Relator, reside aí inconstitucionalidade do § 1º do artigo 3º da Lei nº 9.718/98:

> "Nessa parte, provejo o recurso extraordinário e com isso acolho o segundo pedido formulado na inicial, ou seja, para assentar como receita bruta ou faturamento o que decorra quer da venda de mercadorias, quer da venda de serviços ou de mercadorias e serviços, não se considerando receita de natureza diversa. Deixo de acolher o pleito de compensação de valores, porque não compôs o pedido inicial".(g.n.)

A suma da situação, observados os Julgados expostos é de que o Supremo Tribunal Federal mantém-se na compreensão de que os conceitos de receita bruta e de faturamento,[82] se não exatamen-

---

82 RECURSO EXTRAORDINÁRIO 346.084/PARANÁ; Relator Min. Ilmar Galvão; Relator para o Acórdão Min. Marco Aurélio: CONTRIBUIÇÃO SOCIAL – PIS – RECEITA BRUTA – NOÇÃO –INCONSTITUCIONALIDADE DO § 1º DO ARTIGO 3º DA LEI Nº 9.718/98. A jurisprudência do Supremo, ante a redação do artigo 195 da Carta Federal anterior à Emenda Constitucional nº 20/98, consolidou-se no sentido de tomar as expressões receita bruta e faturamento como sinônimas, jungindo-as à venda de mercadorias, de serviços ou de mercadorias e serviços. É inconstitucional o § 1º do artigo 3º da Lei nº 9.718/98, no que ampliou o conceito de receita bruta para envolver a totalidade das receitas auferidas por pessoas jurídicas, independentemente da atividade por elas desenvolvida e da classificação contábil adotada. Brasília, 9 de novembro de 2005.

te coincidentes, considerado o esforço técnico-interpretativo da interpretação conforme a Constituição, de serem tomados congruentes o mais possível, tendentes os conceitos à identidade.

### II.2. Conceito de Faturamento na Jurisprudência do Supremo Tribunal Federal e Questionamento Suscitado em Meio ao Julgamento do RE 346.084/PR

Mas se de um lado a Corte Constitucional também por ocasião do julgamento do Recurso Extraordinário nº 346.084/PR adotou a compreensão de que receita bruta e faturamento devem ser lidos como com igual significado, neste mesmo julgamento registrou-se um questionamento de sensível repercussão.

Se faturamento ou receita bruta são decorrentes da venda de mercadorias ou da venda de serviços ou da venda de mercadorias e de serviços, a par de não ser lícito considerar-se qualquer receita de natureza diversa, tem relevo à definição dos limites conceituais os fins empresariais do sujeito passivo? O alcance do escopo do empreendimento serve à limitação do conteúdo das receitas a serem consideradas? As receitas das venda de mercadorias ou das vendas de serviços, ou das vendas de mercadorias e de serviços são elencáveis, para fins da tributação, a partir do resultado das receitas decorrentes do exercício das autênticas e típicas atividades empresariais?

No desenvolvimento do processo constitucional relativo ao julgamento do referido recurso (RE 346.084/PR), após o voto do Senhor Ministro Ilmar Galvão, Relator, que conheceu e proveu (parcialmente) o recurso, e dos votos dos Ministros Gilmar Mendes e Maurício Corrêa, que conheceram do recurso, mas negaram-lhe provimento, manifestou-se o Ministro Cezar Peluso. Em alentado voto, Ministro Peluso não deixou de observar que para o Ministro Gilmar Mendes, o que o antecedera,

> "1) '...já sob o império da Lei Complementar nº 70 se verificara o abandono do conceito tradicional de faturamento, especialmente naquela acepção comercialista que se refere, grosso modo, a operações de venda de mercadorias já concluídas e registradas em fatura. Esse conceito técnico-comercial é invocado expressamente pelos recorrentes.'
> 2) 'No RE 150.755, da relatoria do Ministro Carlos Velloso (redator do acórdão o Min. Sepúlveda Pertence), em que se discutia a consti-

> tucionalidade da contribuição do FINSOCIAL, tal como fixada no art. 28 da Lei nº 7.738, de 1989, admitiu-se como legítima a assimilação do conceito de receita bruta ao de faturamento.'
> 3) O conceito de faturamento assume foros institucionais, cabendo ao legislador infraconstitucional fixar-lhe os contornos: "afasto, portanto, qualquer leitura da expressão faturamento que implique negar ao legislador ordinário o poder de conformação do vocábulo 'faturamento', contido no inciso I do art. 195. Não estou a dizer, obviamente, que tal poder legislativo é ilimitado, pois é certo que deverá respeitar todas as demais normas da Constituição, assim como não poderá ultrapassar os limites do marco fixado no referido art. 195.'"

Lembrando que igual entendimento adotou o Ministro Maurício Correa, outro a anteceder-lhe no Julgamento, assinalou que a questão diz respeito aos "contornos e os limites do papel do legislador infraconstitucional no exercício da competência tributária, que não pode ser alargada pela lei subalterna, porque o de que se trata é de saber se a Lei nº 9.718/98 os ultrapassou, ou não, ao definir a compreensão e a extensão lógico-jurídicas da palavra faturamento, para efeitos de incidência da COFINS". Ainda para o Ministro a depender da postura que se adote, a edição da Emenda Constitucional (20) será, ou não, relevante à resposta. A par com os enfoques que entenderiam o exercício como legítimo (possibilidade de alargamento pela lei subalterna (ordinária) do conceito de faturamento, figurando a EC como meramente explicativa), ou como ainda legítimo, porém entendendo o exercício da competência inicialmente exagerado (transposição dos limites conceituais de faturamento na redação original da Constituição) com validação posterior pela EC nº 20/98, haveria uma terceira possibilidade: reconhecimento da inconstitucionalidade da Lei nº 9.718/98 (*ab initio*) e impossibilidade de sua convalidação (validação posterior: repristinação) pela EC nº 20/98. É a partir desse último enfoque que desenvolve a sua argumentação e fundamentação.[83]

83 De interesse, mesmo considerando-se os estritos limites deste trabalho, o excerto do Voto em que enfatiza a fundamentalidade do papel da base de cálculo: Na ADI nº 2.777/SP, de que fui relator, tive oportunidade de me manifestar sobre base de cálculo e sua importância na conformação do tributo, salientando a necessária correlação lógica e material que deve mediar entre o fato gerador (hipótese de incidência) e o montante

Sublinha o Julgador que o Texto Constitucional não define a palavra faturamento, bem como outras, no que bem caminha (segundo sua expressa percepção), ou de outro modo, não havendo como ser diferente, na medida em que o texto deve adaptar-se às necessidades históricas da evolução socioeconômica, segundo sua vocação de abertura permanente e flexibilidade perante as mutações culturais.

Contudo, prossegue em seu Voto o Ministro Peluso, quando o

> "(...) legislador pretende adjudicar a algum velho termo, novo significado, diverso dos usuais, explicita-o mediante construção formal

---

sobre o qual será calculado o débito, sob pena de desvio insuportável da competência outorgada pela Constituição da República. Disse então: "A base de cálculo, sabe-se, "é a grandeza instituída na conseqüência da regra-matriz tributária, e que se destina, primordialmente, a dimensionar a intensidade do comportamento inserto no núcleo do fato jurídico, para que, combinando-se à alíquota, seja determinado o valor da prestação pecuniária. Paralelamente tem a virtude de confirmar, infirmar ou afirmar o critério material expresso na composição do suposto normativo. A versatilidade categorial desse instrumento jurídico se apresenta em três funções distintas: a) medir as proporções reais do fato; b) compor a específica determinação da dívida; e c) confirmar, infirmar ou afirmar o verdadeiro critério material da descrição contida no antecedente da norma." (PAULO DE BARROS CARVALHO, "Curso de Direito Tributário", SP, Ed. Saraiva, 15ª ed., 2003, pp. 327/328). Sobre servir de parâmetro para o cálculo do tributo exigível (b), a base de cálculo deve medir, necessariamente, as proporções reais do fato (a) e confirmar, infirmar ou afirmar o verdadeiro critério material da regra matriz de incidência tributária (hipótese de incidência, fato gerador, fattispecie abstrata, etc.) (c). Este binômio, base de cálculo e critério material (fato gerador), é imprescindível à determinação da espécie e natureza do tributo, devendo guardar, entre ambos os elementos ou dimensões do fato gerador, estreita correlação lógica, de tal arte que, em caso de conflito, a base de cálculo prevalece como critério de identidade da natureza do tributo. (...) A base de cálculo é tão importante na identificação do tributo, que prevalece em relação ao fato gerador em caso de conflito. Essas são as razões por que a competência tributária prevista na Constituição indica desde logo o fato gerador (hipótese de incidência) e a base de cálculo possíveis para instituição dos tributos, chegando a Constituição a dispor de forma expressa, no art. 145, § 2º, que "as taxas não poderão ter base de cálculo própria de impostos".

> do seu conceito jurídico-normativo, sem prejuízo de fixar, em determinada província jurídica, conceito diferente do que usa noutra, Quando não haja conceito jurídico expresso, tem o intérprete de se socorrer, para a re-construção semântica, dos instrumentos disponíveis no próprio sistema do direito positivo, ou nos diferentes corpos de linguagem".

Enfrentando especificamente o problema da evolução do conceito de faturamento, a partir do que denomina de "deslocação histórica do foco sobre a importância econômica e a tipificação dogmática da atividade negocial, do conceito de comerciante para o de empresa", defende a revisão da noção de faturamento, passando-se a

> "vendas realizadas pela empresa e relacionadas à sua 'atividade econômica organizada para a produção ou a circulação de bens ou de serviços', como consta hoje do art. 966 do Código Civil".(g.n.)[84]

84 Lembra ser esta a interpretação pregada por Geraldo Ataliba e Cleber Giardino: "Em primeiro lugar, esse fato - consistente em "emitir faturas" - não tem, em si mesmo, nenhuma relevância econômica. É mera decorrência de outro acontecimento - este, sim, economicamente importante - correspondente à realização de "operações" ou atividades da qual esse faturamento decorre. Em segundo lugar, fosse o fato de "emitir faturas" a hipótese de incidência desse tributo destinado ao PIS e o tributo - ao contrário do que é cediço e corrente - seria enquadrável na classe dos subordinados ao "princípio documental" que, assim, com clareza meridiana, é exposto por Amílcar de Araújo Falcão: 'Pode, para tal fim, o legislador, efetivamente, consagrar um de dois princípios, critérios ou técnicas: a) o princípio negocial (Geschaftsprinzip), por força do qual o fato gerador é considerado qualquer que seja a forma de as exteriorização: b) oprincípio documental (Urkunden ou Beurkundengsprinzip), que consiste no acréscimo de um plus à configuração do fato gerador, com a exigência de que, além da essencial consistência do fato, ato ou negócio que nele se contém (gestum) id quod interest - tal fato tenha por forma de exteriorização uma versão documental, um scriptum, um instrumento específico" (Fato gerador da Obrigação Tributária, 4ª ed., Ed. RT., p. 79)'. "Vale dizer: fosse essa a hipótese, e, v.g., o contribuinte que vendesse a vista, sem emitir faturas, não pagaria PIS. O tributo só recairia sobre as vendas "exteriorizadas em faturas", ou seja, sobre a documentação referente à operação a prazo, o que, sabidamente, nunca foi pretendido ou sustentado pela doutrina formada sobre esse tributo, nem decorre, mediata ou imediatamente, da lei. Parece, pois, visível que o fato pressuposto na

E arremata asseverando:

> Faturamento nesse sentido, isto é, entendido como resultado econômico das operações empresariais típicas, constitui a base de cálculo da contribuição, enquanto representação quantitativa do fato econômico tributado. Noutras palavras, o fato gerador constitucional da COFINS são as operações econômicas que se exteriorizam no faturamento (sua base de cálculo), porque não poderia nunca corresponder ao ato de emitir faturas, coisa que, como alternativa semântica possível, seria de todo absurda, pois bastaria à empresa não emitir faturas para se furtar à tributação.

Para o Ministro, embora não sendo nova ao STF a distinção entre receita, receita bruta e de outras espécies e faturamento, valeria repisá-la. Distinguir-se-iam as seguintes modalidades de receita: receita bruta das vendas e serviços, receita líquida das vendas e serviços, receitas gerais e administrativas (operacionais), receitas não operacionais. Faturamento, de sua parte, também pertenceria ao gênero receita, mas com a diferença de significar somente "valores oriundos do exercício da 'atividade econômica organizada para a produção ou a circulação de bens ou serviços'". Restaria, novamente anotando-se as considerações do Julgador, claro à Corta Suprema que "o sentido normativo da expressão receita bruta da venda de mercadorias e da prestação de serviços correspondia ao conceito constitucional de faturamento", e que "porque mais amplo e extenso como denotação própria do gênero, o significado da locução legal receita bruta ultrapassava os limites semânticos desse mesmo conceito".

Ao equiparar a Lei nº 9.718/98 faturamento a qualquer receita, não obstante desfigurando a competência fixada pelo conceito de faturamento, e tal opção não implicar em invasão de competência,[85] a invocação da EC nº 20/98 termina por não ajus-

---

expressão "faturamento" não é o "emitir faturas", "realizar faturamento", ou conceito equivalente, porém, outro, de distinta consistência, como se verá."

85 Na medida em que a União detém o poder de instituir novas fontes de custeio da seguridade social (cf., art. 195, § 4º, da CF/88).

tar precisa e juridicamente o quadro referencial. Na verdade, segundo palavras do Ministro Peluso, antes serve "como expresso reconhecimento formal e prova decisiva da inconstitucionalidade da Lei n° 9.718/98 e das diferenças técnico-jurídicas e semânticas entre as noções de faturamento e receita".[86]

Termina por entender inconstitucional o § 1º do art. 3º da Lei nº 9.718/98, na medida em que desfigurado o conceito de conceito de receita bruta assentado, passando a "toda e qualquer receita", dicção que afronta a também sedimentada noção de faturamento, na expressão do Julgador, "pressuposta no art. 195, I, da Constituição da República, e, ainda, (n)o art. 195, § 4º, se considerado para efeito de nova fonte de custeio da seguridade social". E constitucional o caput do art. 3º, nos termos do julgamento do RE nº 150.755/PE, "que tomou a locução receita bruta como sinônimo de faturamento, ou seja, no significado de 'receita bruta de venda de mercadoria e de prestação de serviços', adotado pela legislação anterior, e que, a meu juízo, se traduz na soma das receitas oriundas do exercício das atividades empresariais".(g.n.)

A conclusão de que a expressão receita bruta, sinônima de faturamento, é a resultante da venda de mercadorias e da prestação de serviços, ou seja, a soma das receitas oriundas do exercício das atividades empresariais, não se fez sem objeções. O Ministro Peluso, aparentando preocupação quanto a críticas dirigidas às suas conclusões, apressou-se, logo em seguida à proclamação formal do seu Voto, em esclarecer precisamente o conteúdo do conceito adotado para receita bruta e, por via de consequência, para faturamento:

> "(...) gostaria de enfatizar meu ponto de vista, para que não fique nenhuma dúvida ao propósito. Quando me referi ao conceito construído sobretudo no RE 150.755, sob a expressão "receita bruta de

86 "O art. 3º, § 1º, da Lei nº 9.718/98 foi produzido em descompasso com o regime constitucional cuja observância lhe daria fundamento de validade normativa. E, como já salientou a Corte, enunciando doutrina comum,'"afere-se a higidez da lei, em confronto com a norma constitucional vigente na época em que foi sancionada... A lei que invada matéria própria de lei complementar agride diretamente a Constituição' (RP nº 1.556, rel. Min. CARLOS MADEIRA, DJ 29.9.1988)".

venda de mercadorias e prestação de serviço", quis significar que tal conceito está ligado à idéia de produto do exercício de atividades empresariais típicas, ou seja, que nessa expressão se inclui todo incremento patrimonial resultante do exercício de atividades empresariais típicas. Se determinadas instituições prestam tipo de serviço cuja remuneração entra na classe das receitas chamadas financeiras, isso não desnatura a remuneração de atividade própria do campo empresarial, de modo que tal produto entra no conceito de "receita bruta igual a faturamento"[87] [88] [89](g.n.).

---

87 E assim prossegui o debate, dou outro lado o Ministro Marco Aurélio, Relator: MINISTRO MARCO AURÉLIO: Mas, ministro, seria interessante, em primeiro lugar, esperar a chegada de um conflito de interesses, envolvendo uma dúvida quanto ao conceito que, por ora, não passa pela nossa cabeça; MINISTRO CEZAR PELUSO: Mas passa pela cabeça de outros. Já não temos poucas causas, Sr. Ministro, para julgar. Quanto mais claro seja o pensamento da Corte, melhor para a Corte e para a sociedade; MINISTRO MARCO AURÉLIO: Não pretendo, neste julgamento, resolver todos os problemas que possam surgir, mesmo porque a atividade do homem é muito grande sobre a base de incidência desses tributos. E, de qualquer forma, estamos julgando um processo subjetivo e não objetivo e a única controvérsia é esta: o alcance do vocábulo "faturamento". E, a respeito desse alcance, temos já, na Corte, reiterados pronunciamentos; MINISTRO CEZAR PELUSO: É o que estou fazendo: esclarecendo meu pensamento sobre o alcance desse conceito; MINISTRO MARCO AURÉLIO: Senão, em vez de julgarmos as demandas que estão em Mesa, provocaremos até o surgimento de outras demandas, cogitando de situações diversas.

88 No Agravo Regimental no Recurso Extraordinário 400.479-8/RJ, STF, 2ª Turma, Relator Ministro César Peluso, assim voltou a pronunciar-se o Relator: "Seja qual for a classificação que se dê às receitas oriundas dos contratos de seguro, denominadas prêmios, o certo é que tal não implica na sua exclusão da base de incidência das contribuições para o PIS e a COFINS, mormente após a declaração de inconstitucionalidade do art. 3º, § 1º, da Lei nº 9.718/98 dada pelo Plenário do STF. É que, conforme expressamente fundamentado na decisão agravada, o conceito de receita bruta sujeita à exação tributária em comento envolve, não só aquela decorrente da venda de mercadorias e da prestação de serviços, mas a *soma das receitas oriundas do exercício das atividades empresariais* " (itálico no original). A Turma, por votação unânime, negou provimento do recurso de agravo, nos termos do voto do Relator. 2ª Turma.10/10/2006.

89 No RE 400.479, sob a relatoria do Ministro Cezar Peluso, em meio ao qual se discute a incidência da COFINS sobre as receitas financeiras operacionais de companhias seguradoras, após o voto do Ministro Relator, o Ministro Marco Aurélio, antecipando-se aos demais, pediu vista. Em 4.5.2012, ocorreu a devolução dos autos. Até esta data (março de 2014), aguarda-se a retomada do julgamento (conjuntamente, o do Agravo de Instrumento nº

## III. QUESTÃO SUSCITADA EM MEIO AO JULGAMENTO DO RE 346.084/PR[90] E CRITÉRIOS DE JUSTIFICAÇÃO EM ARGUMENTAÇÃO JURÍDICA SEGUNDO ALEXY

Nos julgamentos dos Recursos Extraordinários nºs 150.755/PE e 346.084/PR o Supremo Tribunal Federal deixou resolvido que os conceitos de receita bruta e de faturamento, como resultado da técnica da interpretação conforme a Constituição, devem aproximar-se maximamente, mais que à congruência, tendendo à identidade. Respectivamente, dos Julgados colhem-se que

> "(...) a alusão a "Receita Bruta", como base de cálculo do tributo, para conformar-se ao art. 195, I, da Constituição, há de ser entendida segundo a definição do DL. 2.397/87, que é equiparável a noção corrente de "faturamento" das empresas de serviço."
>
> "(...) A jurisprudência do Supremo, ante a redação do artigo 195 da Carta Federal anterior à Emenda Constitucional nº 20/98, consolidou-se no sentido de tomar as expressões receita bruta e faturamento como sinônimas, jungindo-as à venda de mercadorias, de serviços ou de mercadorias e serviços. É inconstitucional o § 1º do artigo 3º da Lei nº 9.718/98, no que ampliou o conceito de receita bruta para envolver a totalidade das receitas auferidas por pessoas jurídicas, independentemente da atividade por elas desenvolvida e da classificação contábil adotada."

No entanto, conforme anotado linhas acima, no mesmo julgamento do RE 346.084, o Ministro César Peluso ao votar deixou estabelecido o seu entendimento de que

> "Quanto ao *caput* do art. 3º, julgo-o constitucional, para lhe dar interpretação conforme à Constituição, nos termos do julgamento proferido no **RE nº 150.755/PE**, que tomou a locução *receita bruta* como sinônimo de *faturamento*, ou seja, no significado de *"receita bruta de venda de mercadoria e de prestação de serviços"*, adotado pela legislação anterior, e que, a meu juízo, se traduz na soma das receitas oriundas do exercício das atividades empresariais."(grifo do original)

---

732.247) pelo Plenário da Corte.

90 Vide Nota nº 88, supra.

Está assim determinada a demanda por estruturarem-se argumentos que superando o entendimento precedente, passa a conceber a sinonímia percebida entre os conceitos de receita bruta e faturamento como receita bruta de venda de mercadoria e de prestação de serviços, desde que a resultante traduza-se como a soma das receitas oriundas do exercício das atividades empresariais.

Segundo a Teoria da Argumentação Jurídica desenvolvida por Robert Alexy,[91] caso especial de discurso prático geral, qualquer decisão jurídica deve estar justificada a partir de dois planos.

Deixando de lado o da justificação interna (aplicação das técnicas e categorias lógico-silogísticas), no plano da justificação externa, que se dedica à sustentação da(s) premissa(s) adotadas no plano anterior (justificação interna), é necessário que o discursante enfrente seis momentos. Em termos de regras, dos seis momentos (de interpretação, de argumentações dogmática, prática (geral), e empírica; de formas especiais de argumentação jurídica; e de uso de precedentes), considerado o caso sob foco e os propósitos deste Trabalho, destaca-se o voltado ao uso de precedentes.

Para este momento, como primeira regra, a de que sempre que possível a invocação de um precedente, não importando se contrário ou favorável a uma linha de decisão, de se o fazer. Mais importante, todavia, a segunda regra.

Como segunda regra o ditame de que àquele que se propuser ao afastamento de um precedente aceito, obrigatória restará a carga (maior) de argumentação, cabendo neste ponto resgatar, por rigorosa pertinência, duas das regras sobre a carga de fundamentação, momento próprio ao discurso prático geral: (i) o falante que pretender tratar diferentemente uma questão deve fundamentar de modo específico, isto é, deve suportar a maior carga na fundamentação; e, (ii) o falante que afastar ou inovar dada proposição, que não objeto da discussão, deve explicar porque o faz.

Claramente o Ministro César Peluso no julgamento do RE 346.084, ao sustentar que receita bruta ou faturamento, conceitos idênticos e que se traduzem como a receita bruta da venda de mercadoria e da prestação de serviços, porém como a soma

91 Confira-se acima item I.3.1-ARGUMENTAÇÃO JURÍDICA.

das receitas oriundas do exercício das atividades empresariais, afastando-se (aplicação da segunda regra no uso de precedentes, regra específica do discurso jurídico) – ainda que não completamente – incidentalmente (aplicação de regras sobre a carga de fundamentação, regras próprias ao discurso prático geral) do entendimento assentado pela Corte Suprema, carreou para si a obrigação de sustentar a maior carga de argumentação. S.Exa. o fez?

Coerentemente,[92] o Ministro Peluso apresentou, após não exatamente, admita-se, buscar afastar-se do precedente (receita bruta e faturamento conceitos sinônimas e que significariam venda de mercadorias, de serviços ou de mercadorias e serviços), sólidos argumentos, todos norteados pela característica que certamente, de forma a mais precisa, distingui o discurso jurídico do discurso prático geral: a pretensão de correção, leia-se a pretensão de justiça.

Principia deixando claro que o Texto Constitucional não define do que se cuidaria a noção de faturamento, assim como não faz para diversos outros conceitos:

> "A Constituição Federal não explicita o sentido nem o alcance da palavra *faturamento*, como tampouco o faz em relação a "tributo", "propriedade", "família", "liberdade", "vida", "crime", "cidadão", "sufrágio", etc.. Ou seja, não há, no texto constitucional, predefinição ou conceituação formal dos termos aí usados, nem seria conveniente que o houvesse em todos os casos (...)"

E nem deveria fazê-lo:

> "(...) pois o texto deve adaptar-se às necessidades históricas da evolução socioeconômica, segundo sua vocação de abertura permanente. Dessa flexibilidade constitucional perante as mutações culturais, é célebre o exemplo dos conceitos jurídicos de "cidadão" e "propriedade", nos Estados Unidos da América.[93]

---

92 Confira-se acima item I.3.2-PRETENSÃO DE CORREÇÃO E COERÊNCIA.

93 Cita o caso DRED SCOTT v SANDFORD: "(...) a Suprema Corte americana decidiu que o autor não era "cidadão" por ser escravo. Como escravo, era objeto de propriedade e, pois, não era titular de nenhum dos direitos reconhecidos aos cidadãos americanos, entre os quais o de acesso ao Judiciário".

(...)

Apesar da subsistência léxica do texto constitucional americano, tal decisão seria hoje inadmissível, se não inconcebível segundo o espírito do tempo."(g.n.)

Mais adiante, em seu esforço de argumentação, enfatizando o papel da hermenêutica mais estritamente gramatical, no que prestigia em âmbito da justificação externa o regramento[94] centrado na interpretação, o Ministro afirma que ausente definição conceitual jurídica específica, deverá o intérprete socorrer-se, no que denomina de re-construção semântica, daquilo que ofertado pelo pertinente sistema do direito positivo ou em outros âmbitos vocabulares. Expõe:

> "Como já exposto, não há, na Constituição Federal, prescrição de significado do termo *faturamento*. Se se escusou a Constituição de o definir, tem o intérprete de verificar, primeiro, se, no próprio ordenamento, havia então algum valor semântico a que pudesse filiar-se o uso constitucional do vocábulo, sem explicitação de sentido particular, nem necessidade de futura regulamentação por lei inferior. É que, se há correspondente semântico na ordem jurídica, a presunção é de que a ele se refere o uso constitucional."
> "Quando u'a mesma palavra, usada pela Constituição sem definição expressa nem contextual, guarde dois ou mais sentidos, um dos quais já incorporado ao ordenamento jurídico, será esse, não outro, seu conteúdo semântico, porque seria despropositado supor que o texto normativo esteja aludindo a objeto extrajurídico."

Até aí o núcleo da argumentação fincou-se na indefinição semântica do conceito de faturamento, opção da qual, conforme, uma vez mais. o Julgador assinalou, não poderia o Constituinte afastar-

94 Repise-se, atentando-se também à Nota nº 90, acima: (i) deve ser saturada toda forma de argumento que houver entre os cânones da interpretação; (ii) argumentos baseados na literalidade normativa ou na vontade do legislador prevalecem aos demais, salvante hipótese em que se possa justificar racionalmente o emprego de outros argumentos; (iii) a ponderação será empregada na determinação dos pesos específicos dos argumentos; (iv) devem ser levados em consideração todos os argumentos que possam ser propostos, e que possam ser incluídos, por sua forma, entre os cânones da interpretação.

-se. Passa então, e parece ser esse o núcleo duro da argumentação desenvolvida, à evolução das bases (econômicas) sobre as quais a noção enfocada (faturamento) apóia-se. Marca a cota escalada:

> "Com a deslocação histórica do foco sobre a importância econômica e a tipificação dogmática da atividade negocial, do conceito de *comerciante* para o de *empresa*, justificava-se rever a noção de *faturamento* para que passasse a denotar agora as vendas realizadas pela *empresa* e relacionadas à sua *"atividade econômica organizada para a produção ou a circulação de bens ou de serviços"*, como consta hoje do art. 966 do Código Civil."

E arremata:

> *Faturamento* nesse sentido, isto é, entendido como resultado econômico das operações empresariais típicas, constitui a base de cálculo **da contribuição, enquanto representação quantitativa do fato econômico tributado. Noutras palavras, o fato gerador constitucional da COFINS são as operações econômicas que se exteriorizam no *faturamento* (sua base de cálculo)**, porque não poderia nunca corresponder ao ato de emitir faturas, coisa que, como alternativa semântica possível, seria de todo absurda, pois bastaria à empresa não emitir faturas para se furtar à tributação."(g.n.; itálico do original)

A comprovação maior, contudo, de que ao Ministro César Peluso não fugiu a compreensão de que a si carreada a demanda por uma argumentação, mais que sólida, o maximamente estruturada, foi a complementação do Voto de S. Exa.:

> Sr. Presidente, gostaria de enfatizar meu ponto de vista, para que não fique nenhuma dúvida ao propósito. Quando me referi ao conceito construído sobretudo no RE 150.755, sob a expressão "receita bruta de venda de mercadorias e prestação de serviço", quis significar que tal conceito está ligado à idéia de produto do exercício de atividades empresariais típicas, ou seja, que nessa expressão se inclui todo incremento patrimonial resultante do exercício de atividades empresariais típicas. **Se determinadas instituições prestam tipo de serviço cuja remuneração entra na classe das receitas chamadas financeiras, isso não desnatura a remuneração de atividade própria do campo empresarial, de modo que tal produto entra no conceito de "receita bruta igual a faturamento."**(g.n.)
>
> **"É o que estou fazendo: esclarecendo meu pensamento sobre o alcance desse conceito."** (g.n.)

## IV. CONCLUSÕES

Em suas conclusões parciais (introdutórias)[95] este Trabalho confirmou que embora o Direito vocacione-se à permanência e à estabilização, as opções decisórias que se façam em seu seio não podem escapar da subordinação às referências e consequências que se imponham a partir de um determinado termo temporal.

De outro giro, ainda que a adaptação à dinâmica das relações sociais seja uma necessidade incontornável, sob pena, por óbvio, de lhe faltar, ao Direito, a confiança, ou legitimidade, sociais, as mudanças em suas concepções, conceitos e decisões daí decorrentes não podem atingir o ponto de ruptura da insegurança e da inconfiança jurídicas.

Destacam-se dentre as mudanças jurídicas, conceituais ou normativas, das quais derivam mudanças decisórias, as mudanças constitucionais derivadas e as reconhecidas como mutações constitucionais.

O processo por intermédio do qual se fazem legitimadas as mudanças conceituais, normativas, constitucionais ou não, e decisórias devem, em ambiente democrático, na busca do justo, incorporar as noções cardeais de diálogo e dissenso.

Cumpre papel fundante a partir dessa perspectiva, perspectiva democrática, a argumentação jurídica estruturada de forma especial, posto, para se fazer aceitável, dever atender regramento específico e, destaca-se, atendimento meticuloso àquele.

E quando se defende que a argumentação jurídica é forma especial de argumentação prática geral quer-se com isso enfatizar os papeis da pretensão de correção, isto é, da pretensão de justiça, e da coerência.

Ao serem analisadas Decisões proferidas pelo Supremo Tribunal Federal relativamente aos conceitos de faturamento e de receita bruta (RE nº 150.755/PE e RE nº 346.084/PR), verificou-se a defesa de posição incidental (Voto) em que o Ministro César Peluso afastou-se dos precedentes.

Submetido tal posicionamento à Teoria da Argumentação Jurídica de Robert Alexy, a opção argumentativa observou o rigor

95 Confira-se acima item I.4. CONCLUSÕES INTRODUTÓRIAS.

do conjunto de regras estabelecidas pelo Doutrinador, com destaque para o enfrentamento da carga argumentativa com peso específico.

## REFERÊNCIAS


ALEXY, Robert. Teoria da argumentação jurídica: a teoria do discurso racional como teoria da fundamentação jurídica, 3ª ed., Rio de Janeiro: Editora Forense, 2011.

ANDRADE, Christiano José de. A hermenêutica jurídica no Brasil. São Paulo: Editora Revista dos Tribunais, 1991.

ATIENZA, Maniel. As razões do direito: teorias da argumentação jurídica. Maria Cristina Guimarães Cupertino (trad.). São Paulo: Landy Livraria Editora e Distribuidora Ltda, 2000.

ARAÚJO, Vandyck Nóbrega de. Idéia de sistema e de ordenamento no direito. Porto Alegre: Sergio Antonio Fabris Editor, 1986.

ÁVILA, Humberto. Sistema constitucional tributário: de acordo com emenda constitucional nº 42 de 19.12.03. São Paulo: Saraiva, 2004.

_______________. Teoria dos princípios: da definição à aplicação dos princípios jurídicos. 4ª ed. São Paulo: Malheiros Editores, 2004.

BARROSO, Luís Roberto. Curso de direito constitucional e contemporâneo. Os conceitos fundamentais e a construção do novo modelo. São Paulo: Saraiva, 2009.

_______________. Princípios constitucionais brasileiros: ou de como o papel aceita tudo. Revista Jurídica Themis, Curitiba, nº 7, pp. 17/39, out. 1991.

_______________. Direito Constitucional e a Efetividade de Suas Normas (Limite e Possibilidade da Constituição Brasileira). 5ª ed.- Rio de Janeiro: Renovar, 2001.

_______________. Temas de Direito Constitucional. Rio de Janeiro: Renovar, 2001.

_______________. O Direito Constitucional e a Efetividade de suas Normas: Limites e possibilidades da Constituição brasileira. Rio de Janeiro: Renovar, 1996.

______________. Interpretação e Aplicação da Constituição. 2ª ed. São Paulo: Saraiva, 1998.

______________. O Controle de Constitucionalidade no Direito Brasileiro. São Paulo: Saraiva, 2004.

______________. Constituição, democracia e supremacia judicial: direito e política no Brasil contemporâneo, FELLET, André Luiz Fernandes, PAULA, Daniel Giotti de, NOVELLINO, Marcelo Novelino (organizadores), *in* As novas faces do ativismo judicial, Salvador: Editora Jus Podium, 2011.

BITTAR, Eduardo C. B., O direito na pós-modernidade, Rio de Janeiro: Forense Universitária, 2005.

BONAVIDES, Paulo. Curso de Direito Constitucional. 7ª ed. revisada, atualizada e ampliada. São Paulo: Malheiros Editores, 1997.

BRASÍLIA, Supremo Tribunal Federal, RE 150.755/PE, Relator: Ministro Carlos Velloso, Relator para o Acórdão: Ministro Sepúlveda Pertence, 1992.

BRASÍLIA, Supremo Tribunal Federal, RE 346.084/PR, Relator: Ministro Ilmar Galvão, Relator para o Acórdão: Ministro Marco Aurélio, 2005.

BRASÍLIA, Supremo Tribunal Federal, RE-AgR 400.479-8/RJ, STF, 2ª Turma, Relator Ministro César Peluso, 2006.

CAMARGO, Margarida Maria Lacombe. Hermenêutica e Argumentação. Uma Contribuição ao Estado de Direito. Rio de Janeiro: Renovar, 1999.

CANARIS, Claus Wilhelm, Pensamento sistemático e conceito de sistema na ciência do direito, introdução e tradução de A. Menezes Cordeiro, 2ª ed., Lisboa: Fundação Calouste Gulbenkian, 1996.

CANOTILHO, J. J. Gomes. Direito constitucional e teoria da constituição. 2ª ed. Coimbra: Almedina.

CARVALHO, Cristiano. Teoria do Sistema Jurídico. Direito, economia, tributação. São Paulo: Quartier Latin, 2005.

COELHO, Inocêncio Mártires. Interpretação Constitucional. Porto Alegre: Sérgio Antônio Fabris Editor, 1997.

ENGELMANN, Wilson. Critica ao positivismo jurídico: princípios, regras e o conceito de direito. Porto Alegre: Sergio Antonio Fabris Editor, 2001.

FERRAZ, Anna Cândida da Cunha. Processos informais de mudança da Constituição: mutações constitucionais e mutações inconstitucionais. São Paulo: Max Limonad, 1986.

FERRAZ JR., Tercio Sampaio. Introdução ao estudo do direito: técnica, decisão e dominação, 2ª ed. São Paulo: Atlas, 1994.

________________. Estudo de filosofia do direito: reflexões sobre o poder, a liberdade, a justiça e o direito. São Paulo: Atlas, 2002.

GRAU, Eros Roberto. A ordem econômica na constituição de 1988. Interpretação e crítica. 2ª ed. São Paulo: Revista dos Tribunais, 1991.

________________. Ensaio e discurso sobre a interpretação/aplicação do direito. São Paulo: Malheiros Editores, 2002.

________________. Elementos de direito econômico. São Paulo: Revistas dos Tribunais, 1981.

HÄBERLE, Peter. Hermenêutica constitucional. A sociedade aberta dos intérpretes da constituição: contribuição para a interpretação pluralista e procedimental da constituição. Tradução de Gilmar Ferreira Mendes. Porto Alegre: Sergio Antonio Fabris Editor, 1997.

HESSE, Konrad. A força normativa da constituição. Gilmar Ferreira Mendes (tradutor). Porto Alegre: Sergio Antonio Fabris Editor, 1991.

________________. Escritos de derecho constitucional. Seleccion, traducion e introducción de Pedro Cruz Villalon. 2ª ed. MADRID: Centro de Estúdios Constitucionales, 1992.

HORTA, Raul Machado, Curso de direito constitucional, 2ª ed. revista, atualizada e ampliada, Belo Horizonte: Del Rey, 1999.

KOLM, Serge-Christophe. Teorias modernas da justiça. Tradução de Jefferson Luiz Camargo e Luís Carlos Borges. São Paulo: Martins Fontes, 2000.

LARENZ, Karl. Metodologia da ciência do direito. José Lamego (trad.). 3ª ed. Lisboa: Fundação Calouste Gulbenkian, 1997.

MARTINS, Argemiro Cardoso Moreira, ROESLER, Cláudia Rosane, JESUS, Ricardo Antônio Rezende de. A noção de coerência na teoria da argumentação jurídica de Neil MacCormick: caracterização, limitações, possibilidades.. Disponível em:<http://siaiweb06.univali.br/seer/index.php/nej/article/view/3281>. Acesso em: 20 de fev. de 2014.

MENDES, Gilmar Ferreira, COELHO, Inocêncio Mártires, BRANCO, Paulo Gustavo Gonet. Curso de direito constitucional. 2ª ed. revista e atualizada. São Paulo: Saraiva, 2008, p. 489.

MICHELON JUNIOR, Cláudio Fortunato. Aceitação e objetividade: uma comparação entre as teses de Hart do positivismo precedente sobre a linguagem e o conhecimento do direito. São Paulo: Editora Revista dos Tribunais, 2004.

QUEIROZ, Luis César Souza de. Imposto Sobre a Renda – Requisitos para uma Tributação Constitucional. 1ª ed. Rio de Janeiro: Forense, 2003.

_______________. Sujeição Passiva Tributária. 1ª ed. Rio de Janeiro: Forense, 1999.

RIBEIRO, Ricardo Lodi. Justiça, interpretação e elisão tributária. Rio de Janeiro:Editora Lumen Júris, 2003.

_______________. A segurança jurídica do contribuinte. Legalidade, não-surpresa e proteção à confiança legítima. Rio de Janeiro: Lumen Juiris, 2007.

ROTHENBURG, Walter Claudius. Princípios constitucionais. Porto Alegre: Fabris, 1999.

TORRES, Ricardo Lobo (Organizador). Colaboração de André Terrigno Barbeitas..*et.al.*. Temas de interpretação do direito tributário. Rio de Janeiro: Renovar, 2003.

_______________. Tratado de direito constitucional, financeiro e tributário. Volume III: os direitos humanos e a tributação: imunidade e isonomia. Rio de Janeiro: Renovar, 1999.

______________. Tratado de direito constitucional, financeiro e tributário. Volume V. O orçamento na constituição. 2ª ed. ver. e atual. até a publicação da Emenda Constitucional nº 27, de 21.3.2000, e da Lei de Responsabilidade Fiscal (Lei Complementar nº 101, de 4.5.2000). Rio de Janeiro: Renovar, 2000.

______________. A idéia de liberdade no estado patrimonial e no estado fiscal. Rio de Janeiro: Renovar, 1991.

______________. Os direitos humanos e a tributação: imunidade e isonomia. Rio de Janeiro: Renovar, 1995.

______________. Curso de direito financeiro e tributário. 2ª ed. Rio de Janeiro: Renovar, 1995.

______________. Normas de interpretação e integração do direito tributário. 2ª ed. Rio de Janeiro: Forense, 1994.

______________. Ética e justiça tributária, *in* Direito tributário: estudos em homenagem a Brandão Machado. SHOUERI, Luís Eduardo, ZILVETI, Aurélio Fernando (coord.). São Paulo: Dialética, 1998.

VIEITO, Aurélio Agostinho Verdade. Da hermenêutica constitucional. Belo Horizonte: Livraria Del Rey Editora, 2000.